あの歌この街 二

橋本克彦㊀著

旅行読売出版社

まえがき

よく流行った歌謡曲は、その時代の日本人の心情をよくとらえている。

夜霧の波止場にたたずむ男や、別れた男を見送る女に時代の風が吹く。その風とは同じ色あい、よく似た情緒の歌なのだ。

私たちは、しばらくその色調の情緒に心をあずけたいから、一時期、ひとりの作曲家、ひとりの作詞家、ひとりの歌手の歌がヒットを続けることになる。だから私も、作詞家や作曲家の人生を想い、歌手の人生を想い、その「時代」を追いかけることになった。

よく流行った歌はその時代をある色調に染め上げるとも言える。歌になった感情は漂いながらいろんなものに変化《へんげ》する。歌はぼんやり灯る街灯に宿るかもしれないし、岬や、一本杉や、せせらぎや、飲み屋街に宿るかもしれない。が、やがてどこかへ消えていく。

私が訪ねた場所は、そのような歌の背景と思われる場所だった。そこにたたずんで歌の心を想い、その歌に託された喜びや悲しみを想った。

昔から神様の宿る「依り代《よしろ》」がある、というけれど、歌の宿る「歌の依り代」がある、と感じることがしばしばだった。

また、みんなで大声で歌い、楽しく呑んだ一夜を思い、過ぎ去った昔を想った。歌は流れ行き、残り香だけがしばらく漂う。その残り香を探す旅でもあった。

私たちは、胸がつまるほど切ないとき、その心を歌に託したい。歌でも歌ってまぎらすか、と思って歌ったら、もっと悲しくなって、だらだら呑んでだらだら歌って、夜が更けて、遠くで汽笛が鳴ればいいと思ったりする。だからこの本は「あの歌この街と酒」という題名がふさわしいかもしれない。

歌の依り代の街、つまり歌の背景のなかに暮らす人々は元気で明るく、おセンチな私を笑うこともあった。そんな気持ちじゃあ船は出せねえよ、と冷やかす漁師の笑顔が憎たらしいときもあった。私は答えた。「おれにもそんなときがあるんだぜ」。

泣きたい気持ちで元気に笑う歌もある。たかが歌かもしれないが、されど歌なしに生きることはできないと、思い知らされるのはそんな歌声を聞いたときだ。

私が好きな歌は耐える気持ちを静かに歌う歌らしい。だが、はしゃいで歌う歌も好きだ。どっちが好きか、よくわからない。この連載が終わるまでに答えが見つかるだろうか。

橋本克彦

あの歌この街㊁【目次】

まえがき 2
さくいん地図 6
岸壁の母 ◉京都・舞鶴市 8
北上夜曲 ◉岩手・北上市 14
勝手にシンドバッド ◉神奈川・茅ヶ崎市 20
小樽のひとよ ◉北海道・小樽市 26
王将 ◉大阪・大阪市 32
長崎は今日も雨だった ◉長崎・長崎市 38
あゝ上野駅 ◉東京・台東区 44
雪椿 ◉新潟・加茂市 50

夢芝居 ◉東京・北区 56
潮来笠 ◉茨城・潮来市 62
新宿の女 ◉東京・新宿区 68
知床旅情 ◉北海道・斜里町、羅臼町 74
箱根八里 ◉神奈川・箱根町 80
瀬戸の花嫁 ◉香川・土庄町 86
オリンピック・マーチ ◉福島・福島市 92
昔の名前で出ています ◉神奈川・横浜市 98
哀しみ本線日本海 ◉山形・鶴岡市 104
港町ブルース ◉岩手・釜石市 110
舟唄 ◉神奈川・三浦市 116
別れの一本杉 ◉福島・会津坂下町、茨城・笠間市 122

●本書は月刊「旅行読売」2018年9月号～2020年4月号に連載した「あの歌この街」を1冊にまとめたものです。
●文中に登場する方々の年齢、肩書きなどは取材当時のものです。

さくいん地図

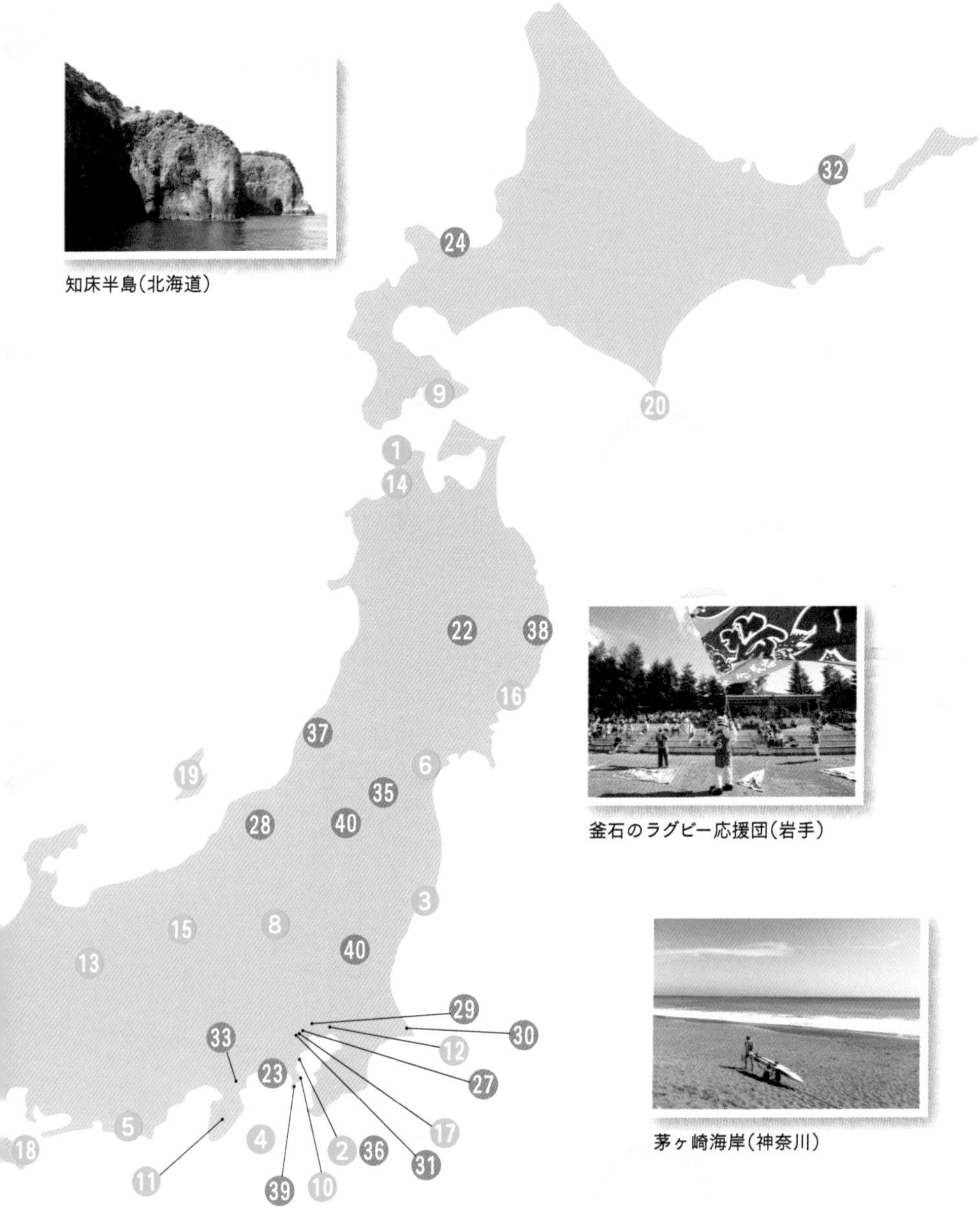

知床半島(北海道)

釜石のラグビー応援団(岩手)

茅ヶ崎海岸(神奈川)

第一巻

1 津軽海峡・冬景色◎青森・外ヶ浜町
2 ブルー・ライト・ヨコハマ◎神奈川・横浜市
3 みだれ髪◎福島・いわき市
4 アンコ椿は恋の花◎東京・大島町
5 結婚しようよ◎静岡・掛川市
6 青葉城恋唄◎宮城・仙台市
7 南国土佐を後にして◎高知・高知市
8 夏の思い出◎群馬・片品村
9 函館の女◎北海道・函館市
10 横須賀ストーリー◎神奈川・横須賀市
11 天城越え◎静岡・伊豆市
12 矢切の渡し◎千葉・松戸市
13 奥飛騨慕情◎岐阜・高山市
14 雪國◎青森・五所川原市
15 千曲川◎長野・千曲市
16 北国の春◎岩手・陸前高田市
17 神田川◎東京・豊島区、新宿区
18 兄弟船◎三重・鳥羽市
19 ひばりの佐渡情話◎新潟・佐渡市
20 襟裳岬◎北海道・えりも町

第二巻

21 岸壁の母◎京都・舞鶴市 P8
22 北上夜曲◎岩手・北上市 P14
23 勝手にシンドバッド◎神奈川・茅ヶ崎市 P20
24 小樽のひとよ◎北海道・小樽市 P26
25 王将◎大阪・大阪市 P32
26 長崎は今日も雨だった◎長崎・長崎市 P38
27 あゝ上野駅◎東京・台東区 P44
28 雪椿◎新潟・加茂市 P50
29 夢芝居◎東京・北区 P56
30 潮来笠◎茨城・潮来市 P62
31 新宿の女◎東京・新宿区 P68
32 知床旅情◎北海道・斜里町、羅臼町 P74
33 箱根八里◎神奈川・箱根町 P80
34 瀬戸の花嫁◎香川・土庄町 P86
35 オリンピック・マーチ◎福島・福島市 P92
36 昔の名前で出ています◎神奈川・横浜市 P98
37 哀しみ本線日本海◎山形・鶴岡市 P104
38 港町ブルース◎岩手・釜石市 P110
39 舟唄◎神奈川・三浦市 P116
40 別れの一本杉◎福島・会津坂下町、茨城・笠間市 P122

長崎の夜景(長崎)

【昭和47年】◉二葉百合子

岸壁の母

母は来ました　今日も来た
この岸壁に　今日も来た
とどかぬ願いと　知りながら
もしやもしやに　もしやもしやに
ひかされて

歌の舞台
京都府
舞鶴市

いつか息子は帰ると、母が立ちつくした桟橋

港の奥の浜辺近く、旧舞鶴海兵団敷地から木造の細い桟橋が延びていた。戦後は引揚げ者を出迎え、帰らぬ息子を待つ母親が立ちつくした桟橋である。

舞鶴湾大浦、手前下に復元された桟橋。右手一帯が元引揚援護局敷地

『岸壁の母』（作詞・藤田まさと、作曲・平川浪竜《なみりゅう》）は昭和47（１９７２）年、二葉百合子の浪曲《ろうきょく》台詞《せりふ》を挿入した歌唱でリバイバルヒットした。アルバムＬＰと、シングル盤、カセットテープその他を合わせて累計３００万枚以上に換算できる驚異的な売上げ枚数での復活だった。

オリジナル曲は昭和29（１９５４）年、当時の人気歌手菊池章子の歌で１００万枚以上のヒットを記録している。

歌謡業界では母を思う歌を「母物」といい、よく当たる、とされている。『岸壁の母』はその典型的な歌であろう。

この歌にはまた戦後史が折り重なって映しださされている。菊池章子の歌った昭和29年は海外にとり残された日本人約６６０万人の引揚げ事業が終わろうとしていた頃。しかし、二葉百合子の歌った昭和47年は日本経済が躍進して「戦後」が終わろうとしていた時代だった。戦争が遠くなり、辛い想い出が薄れるにつれて二度目の『岸壁の母』は母の悲しさだけが強調されたように思う。歌手も観客もさめざめと泣くことができる母物に歌が変質したのではなかったか。

舞鶴市を訪ね、『岸壁の母』の舞台を見たいと思った。それは戦後史の原点を見つめる旅にもなるはずだった。

舞鶴湾はこんもりと緑の茂る低い山々に囲まれ、湖水のように波静かだった。

引揚げ者たちは「ああ、帰って来た。日本だ」と舞鶴の緑を見た。そう感情移入して舞鶴湾を見ると、ありふれた山々の緑が悲しくも美しく見える。

舞鶴港は昭和33（1958）年、引揚げ事業の最後の引揚げ船白山丸が着いた港である。引揚げ事業の全期間に66万4531人の引揚げ者と1万6269柱の遺骨を迎え、舞鶴港の引揚げ事業は終わった。

引揚げ者たちと、迎える家族の歓喜の輪がこの静かな湾で幾度となく繰り返された。その人混みの中に、息子の名を呼ぶ一人の母がいた。息子はいない、落胆してしゃがみ込む母の名は『岸壁の母』のモデルとされる端野《はしの》いせ（昭和56〈1981〉年没、享年81）である。

たくさんの岸壁の母が桟橋に立ちつくしていた

端野いせの手記「未帰還兵の母」（昭和49〈1974〉年新人物往来社刊）にはシベリアに抑留されたらしい一人息子新二の帰りを待つ心情が哀切極まりない筆致で書かれている。菊池章子の歌声が流れていた頃は、自分のことが歌になっていることを知らなかったという。

息子（当時19歳）の新二は終戦間際の昭和19年8月に旧満州（現・中国東北部）の関東軍兵士として前線に配置された。すぐに旧ソ連軍が攻め込んできて、中国牡丹江付近の戦闘で消息を絶つ。双眼鏡を横の兵に渡し、炸裂する砲弾を避けて壕へ飛び込んだのが最後の姿だった。

新二は養子だったが、一人息子と暮らすことがささやかな願いの母いせは、東京・大森で裁縫の仕事をして待ち続けた。

昭和25（1950）年4月、旧ソ連ナホトカ港からシベリア抑留の日本兵たちが舞鶴に帰る知らせがラジオから流れた。ラジオは復員兵の名前、引揚げ者の名前をすべて読み上げる。その中に息子の名前はなかったが、いせは信じられなかった。

中には変名で帰る人もいる。「もしや、息子が帰って来るかもしれない」と、何度となく舞鶴へ足を運んだ。それはいせの悲しい思い込みだった。それでもいせは桟橋に立った。

「ときどきラジオから聞こえる『岸壁の母』、あの歌声に涙を誘われ、泣いてしまいます。新二もいつかどこかで、この歌を聞くときもあるだろう。十年、新二の帰りを待って泣きましたが、わが身の老い行くのも忘れて、息子の年を数えております」（手記の要約）

ついにいせは息子の顔を見ずに亡くなった。が、それはひとり端野いせだけではなかった。同じ気持ちで引揚げ船を迎える母たちが、全国約660万人の引揚げ者の家族の中に何百人も存在した。

岸壁の母、岸壁の妻とは、このような母、妻たちに新聞がつけた呼び名だった。端野いせは、岸壁に立って待ち続ける母、妻、家族の代表例のような存在になったのである。

引揚げ事業は昭和20（1945）年11月から始まり、呉、唐津、博多、門司、佐世保、別府、下関、宇品《うじな》、和歌山県田辺、神奈川県浦賀、横浜、函館などの港に船が着いた。これらの港には岸壁があった。

だが当時、舞鶴港には引揚げ船が着く岸壁がなかった。艀《はしけ》に乗って桟橋から上陸した。舞鶴港では岸壁の母ではなく、厳密にいえば桟橋の母なのである。

少女が踊る日本舞踊に復員兵はどよめいた

舞鶴市は昭和63(1988)年に「舞鶴引揚記念館」を建設した。建設費2億4000万円のうち7400万円は引揚げ体験者からの寄付だった。引揚げの記憶を保存する同市の取り組みは平成27(2015)年、引揚げ関連事項がユネスコ世界記憶遺産に登録されて結実した。

記念館では展示説明員を「語り部」と位置づけ、NPO法人「舞鶴・引揚語りの会」の会員が展示の補足説明をする。

私は「舞鶴・引揚語りの会」のメンバーで引揚げ経験者の樟康《たぶのきやす》さん(80)と、舞鶴で帰還者を迎えた同会理事の吉田かず子さん(77)に会った。舞鶴市役所広報広聴課の紹介である。

樟さんは静かに語った。

「昭和20年、私は8歳、中国遼寧省《りょうねい》鞍山《あんざん》からいくつもの幸運に恵まれて無事に博多へ上陸しました。それでも船中で2歳の女の子が栄養不良や疲労が重なって亡くなっています。水葬するというので、唇に紅をさしてあげるとフランス人形のようにかわいらしかった。船は水葬のあと、その海面を一周して無慈悲に速力をあげました。かわいそうで、悲しくて、あの子の顔がいまも目に浮かびます」

吉田かず子さんは小学校高学年の時、引揚げ船の乗客のために援護局の講堂で日本舞踊を踊った。

「何人かの女の子たちで、一生懸命に学校でお稽古しましてね。着物を着て踊りました。満員の講堂はシベリアで苦労した復員兵さんたちでいっぱいでした。踊り始めると、うおー、というどよめきがわきあがりました。帰って来た、という実感を持ったのでしょうね。そのどよめきが忘れられません」

展示されている登録資料に、白樺の皮をはいで紙の代用にした日誌がある。これを書いた人物は瀬

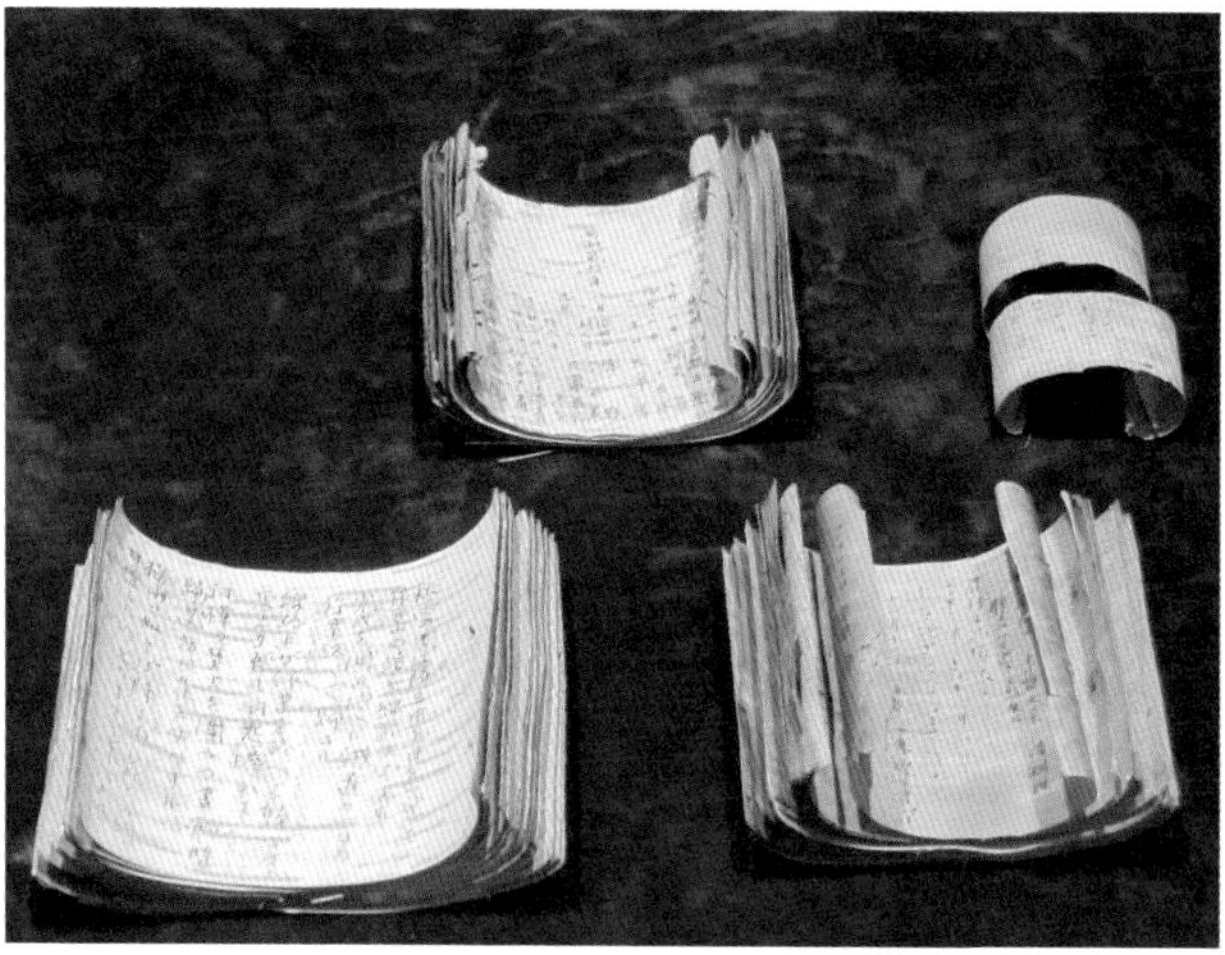

白樺皮の日誌。ブリキ缶の鉄片を細工してペンを、煤を溶かしてインクを作った

上 樟康さん。大きい荷物を背負って引揚げ船に乗った。舞鶴は父親の故郷
下 吉田かず子さん。世界記憶遺産登録で、若い語り部志望が増えている

野修(平成7〈1995〉年没、享年87)。死を覚悟して書いたらしい短歌に涙を禁じえなかった。

翌日、引揚記念館の背後にある記念公園展望台から、復元された短い桟橋を見た。端野いせが立ちつくした桟橋は昭和27(1952)年の豪雪で崩壊し、復元されたこの南桟橋はその後に使われた桟橋の一部復元である。

シベリアの強制収容所に連行された元日本兵は約60万人。そのうち約6万人がかの地で亡くなった。この桟橋に帰って来るだけでも幸運だった。

泣いているだけでは鎮魂にはなるまい。戦争と引揚げとは現実である。これを忘れないことが鎮魂に通じる。

旅のメモ

交 京都駅から山陰線・舞鶴線特急で約1時間30分の東舞鶴駅下車、引揚記念館前までバスで約20分
問 舞鶴引揚記念館 ☎0773・68・0836

■月刊「旅行読売」2018年9月号掲載

【昭和36年】◉和田弘とマヒナスターズ&多摩幸子

北上夜曲

僕は生きるぞ　生きるんだ
きみの面影　胸にひめ
想い出すのは　想い出すのは
北上河原の初恋よ

歌の舞台
岩手県
北上市

青春の絶唱『北上夜曲』誕生の地を歩く

『北上夜曲』はレコードになる前から、人々の間に広まっていた。誕生から大ヒットまでの軌跡は、偶然の出会いと切ない思いが重なり合う物語を紡いだ。

北上夜曲［昭和36年］

『北上夜曲』の原風景。岩手県奥州市水沢の小谷木橋から北上川の下流を見る

『北上夜曲』（作詞・菊地規《のりみ》、作曲・安藤睦夫）は昭和36（１９６１）年、レコード各社競作で発売された。和田弘とマヒナスターズ＆多摩幸子（ビクター）、ダークダックス（キング）、菅原都々子（テイチク）など6社22種ものレコードが発売された。さらに安価なソノシート盤も発売されたため、総売上枚数は集計できず、推定で１５０万枚以上とされる。

昭和30年代、巷では「歌声喫茶」が流行していた。ロシア民謡の『トロイカ』や歌曲『早春賦』などを客がそろって歌う店内で『北上夜曲』もよく歌われた。その頃、この歌は作者不詳、どこか謎めいており、歌声喫茶では根強い人気があった。

北上河原の星の夜、死んで天国へ行った初恋の人、銀河を仰ぎ見て、生きるぞと誓う少年。北上河原の初恋がセンチメンタルな歌詞で綴《つづ》られている。

これこそが民衆の育てた民衆の歌である。が、耳から耳へ、口から口へ広まり伝わるうちに歌詞と曲が変わった。世間がこの歌に注目しはじめた昭和

36年、作詞・菊地規と作曲・安藤睦夫は名乗り出て歌の誤りを正した。

それでも歌の誕生エピソードや、歌が広まっていく最初の場面などには諸説が残った。それらが事実かどうか、謎は多い。私は事実を知りたいと思って歌碑のある岩手県北上市へ向かった。

北上市街の東を北上川が悠然と流れていた。川風が涼しい。陽光を浴びて北上川の川面がきらめいていていた。

「展勝地」という観光スポットのレストハウスで元北上市役所勤務、後に北上観光コンベンション協会専務理事を務めて退職した高橋斎さん(70)に会った。「展勝地の施設は市役所商業観光課時代の私の仕事です。観光客を呼びたかったのです」と高橋さんは少し誇らしげに語った。

北上川べりに続く桜の名所を整備し、船着き場には川舟の遊覧船を浮かべ、昭和49(1974)年には展勝地の高台に歌碑を建てた。昭和62(1987)年に企画した「北上夜曲歌唱コンクール全国大会」は盛況で、平成21年第22回まで続いた。高橋さんは北上市の観光行政のために働いた。北上川への思い入れは格別のようだった。

作曲者の血縁者が北上市に健在だった

作詞・菊地規(平成元年没、享年66)と作曲・安藤睦夫(平成19年没、享年82)の二人は少年だった。『北上夜曲』が生まれたのは昭和16(1941)年2月。菊地規は岩手師範学校1年生18歳。安藤睦夫は旧制八戸中学5年生17歳。

日本は軍国主義の時代、この年の12月8日に太平洋戦争が始まる。

菊地は「戦争に対するレジスタンスの気持ちと、虚勢に満ちた社会、それを誇張する教師たちへの反発があった。河原でせせらぎを聞き、私だけの世界に安らぎを感じた」(第2回北上夜曲歌唱コンクー

左市役所時代に建てた歌碑の前で高橋斎さん 中作曲家のいとこにあたる安藤邦彦さん 右北上市立博物館の前で杉本良さん

ル全国大会へのメッセージを要約)と当時の心境を書いている。

直木賞作家の三好京三(岩手県奥州市出身、平成19年没、享年76)は「小説北上夜曲」で作曲・安藤睦夫を実名で登場させている。三好京三本人らしい若い小学校教師が赴任した宿戸《しゅくのへ》小学校(現・岩手県洋野《ひろの》町)の歓迎会で、地方には珍しいピアノの上手なPTA会長の伴奏に合わせて『北上夜曲』を歌ったところ「間違っている」と指摘された。「そんなはずはない」と怒ると「この曲は私が作ったから私が正しい」と言われて、あっ、と驚く場面が笑いを誘う。

これは実話で、三好京三は安藤睦夫本人に取材した内容で北上夜曲誕生のいきさつを描いていく。

北上市立博物館館長補佐、杉本良さん(56)を訪ねると、「安藤睦夫の親類にあたる安藤邦彦が埋蔵文化財センターにいますよ」と教えてくれた。

驚いた私はさっそく北上市教育委員会文化財課文化財係安藤邦彦さん(55)を訪ねた。すると「年は離れていますが、私は安藤睦夫のいとこにあたります」と話してくれた。以下は安藤邦彦さんの話と「小説北上夜曲」ほか、関連資料で綴る実説『北上夜曲』誕生物語である。

北上川に託した銀河に誓った少年の思い

菊地規は北上市の南の水沢農学校(現・奥州市)に通っていた。通学に北上川にかかる小谷木《こやぎ》橋を渡る。橋から見た景色が『北上夜曲』の原風景である。

安藤睦夫は水沢農学校に配属された軍事教練の陸軍少尉、叔父の清蔵を八戸市から水沢(現・奥州市)に訪ねた。清蔵は酒好きで給料は酒代に消え、下宿代を払えない。睦夫はその下宿代を持って実家からやって来たのだった。

睦夫を迎えた清蔵は、教え子の菊地規を紹介する。規は文学少年であり、睦夫は音楽家志望だった。ふたりは互いの感性を理解した。規は「新しく歌詞ができたら曲をつけてくれ」と頼む。

歌詞が届いて、睦夫は旧制八戸中学の期末試験だというのに作曲に熱中した。二科目零点。あわや落第すれすれで作曲したのが『北上夜曲』だった。

規はその後、盛岡師範学校に進学。睦夫はギター片手に盛岡へやって来た。駅前の吾妻館という旅館で二人は会った。師範学校の規の友人たちも同席した。睦夫は「匂い優しい白百合の」と出来た

ての曲をギターで弾いた。何度も口移しで曲を教えた。隣の部屋から「うるせえぞ」と声がかかったが、やがて同席していた師範学校の友人たちも覚えた。この友人たちが先生になって赴任先の学校で生徒

小谷木橋。同じ場所に戦後新しく架け替えられた

たちに伝え、『北上夜曲』は湖の波紋のように伝わっていく。

『北上夜曲』の本当の生みの親は、作詞・作曲の二人を、下宿代未払いの縁で会わせた安藤清蔵陸軍少尉であろう。

軍事教練の配属将校は嫌われるのが常だったが、旧制黒沢尻中学に転任してからも優しく大らかな性格で、清蔵は生徒たちに慕われた。が、戦況が押し迫り、規と睦夫を引きあわせた2年後、安藤少尉は中尉となって軍に復帰。ニューギニア北西、ビアク島守備隊で昭和19(1944)年に戦死した。『北上夜曲』は清蔵叔父さんの鎮魂歌になってしまったのである。

前出の安藤邦彦さんは「安藤家には芸術家肌の血筋があります。清蔵は自由人かもしれません。睦夫はその後500曲以上も作曲しています」と語る。

午後遅く、私は東北線を南へ、北上から、六原、金ヶ崎、水沢へと列車に乗った。水沢駅から歩き、北上川にかかる小谷木橋を歩いた。河原を眺め、寒い冬に背をすぼめて橋を渡る菊地規を想った。

橋の西のたもと、土手を下りた所に『北上夜曲』の歌碑があった。『北上夜曲』発祥の地と看板に書かれている。

しかし、あの歌の発祥地は北上川のどこでもよかった。北上川の岸辺なら、どこに歌碑があっても不自然ではない。

〝ぼくは生きるぞ〟、という少年の願いが銀河に誓われ、戦争に向かう世の中へのささやかな抵抗が時代を超えて流れる北上川に託されたのであろう。

北上川は淡く暮れていく。川面は暮色の底ににぶく光っていた。

旅のメモ

交 東北新幹線北上駅下車、東北線水沢駅下車など

問 北上駅観光案内所 ☎0197・64・5211

月刊「旅行読売」2018年10月号掲載

【昭和53年】

◉サザンオールスターズ

勝手にシンドバッド

今何時？　そうね　だいたいね
今何時？　ちょっと　待ってて
今何時？　まだ　早い
不思議なものね　あんたを見れば
胸さわぎの腰つき……

歌の舞台

神奈川県
茅ヶ崎市

結成40年！サザン＆桑田の成熟と茅ヶ崎の今

サザンのメンバーは還暦を過ぎたが、史上最大級の売り上げと人気は衰えない。桑田佳祐の生まれ育った茅ヶ崎で、結成から40年という年月を考えた。

『勝手にシンドバッド』(作詞、作曲・桑田佳祐、昭和53〈１９７８〉年６月、ビクター音楽産業発売)のシングル売上累計枚数は80万枚。が、平成15(２００３)年に再発売されると、発売から25年もたっているのに29万枚の売り上げ。これはレコード業界に前例がなかった。

『いとしのエリー』(73万枚)、『チャコの海岸物語』(58万枚)、『涙のキッス』(１５４万枚)、『愛の言霊』(１３９万枚)、『ＴＳＵＮＡＭＩ』(２９３万枚)。

発売当時はピンク・レディーが全盛の頃、中島みゆきが『わかれうた』で登場し、沢田研二はトップスターだった。そこを桑田佳祐が疾走した(以下、サザン、桑田と書く)。

私は８月下旬、茅ヶ崎へ行って、この浜辺から生まれた巨大な人気者とその時代について考えてみることにした。

まず市役所へ。文化生涯学習課の平山孝通さん(67)に、茅ヶ崎市の40年を聞いた。木造だった駅

サザンビーチ左手の桟橋で自撮り。沖に見えるのは烏帽子岩

は新築駅ビルへ、漁港、野球場なども整備された。茅ヶ崎市の駅周辺は現在の姿に変貌した。

駅を背に、右端の道路がサザンストリート。20分歩き、汗びっしょりでサザンビーチへ着いた。

太陽が照りつける海はきらきら。はるかに烏帽子岩が見えた。浜辺を「胸さわぎの腰つき」が歩く。カメラを向けると怪しまれるので、海の家「夏倶楽部」へ入った。経営者の大久保義雄さん(62)は桑田佳祐と小中学校まで同窓、野球部員である。「桑田はピッチャー、おれはレフト。桑田はあの頃からサービス精神旺盛で野球部の新入生を前に、バットをマイクロフォンにして、何か歌っていたっけ」と思い出す。

茅ヶ崎の人情は鎌倉みたいに気取ってないし、人が好《よ》いという。大久保さんは新聞配達で稼いだ金で500ccのバイクを買い、嬉《うれ》し気に、得意気に「女の子も後ろに乗せたよ」と話す。

そんなとき、女の子を誘うきっかけは?と聞くと、うーんと考え、「今何時?かな」と笑う。それって「勝手に……の歌詞だよね」というと、笑ってうなずき「桑田がここへ家族で来たことがある。あの大スターがオーラを消したら、だれも気がつかない。桑田は嫌味のないやつさ。ときどき悪ふざけがすぎるのもガキの頃と同じなんだ」と続けた。

茅ヶ崎のサザンから サザンの茅ヶ崎に

古くは小津安二郎ら映画人たちが旅館「茅ヶ崎館」にカンヅメになった文化人の茅ヶ崎は、サザンの街になっていく。

茅ヶ崎野球場がリニューアルされるのが平成9(1997)年、ここでサザンの「里帰りライブコンサート」が開かれるのが同12年8月だった。

茅ヶ崎観光協会専務理事事務局長の新谷雅之さん(64)は実行委員長だった。

「リハーサルからファンが殺到して、事故のないように懸命でした。ステージのことはまったく覚えていません」

観客6万3000人、会場に入れない2万5000人が野球場をとりまき、漏れて来る大音響の歌を聞いた。この里帰り公演は数十億円の経済効果と試算された。湘南茅ヶ崎のサザンから、サザンの茅ヶ崎に主客がひっくり返った。

茅ヶ崎はサザン一色、平成11年に茅ヶ崎海水浴場をサザンビーチに改名したところ、例年5万人の海水浴客が36万人に激増した。サザンの聖地となった「サザンCモニュメント」が浜辺にできるのがその3年後の平成14年。モニュメント詣でのファンは絶えることがなかった。

上 桑田佳祐と同窓の大久保義雄さん。工務店の代表取締役でもある
下 釣り船宿経営と茅ヶ崎漁協組合長の木村英雄さん

駅前で会った福岡から来たという女性ファンは語る。

「子どもたちが還暦祝いに茅ヶ崎旅行をプレゼントしてくれたの。ビーチを歩いて、Cモニュメントで自撮りして、江ノ島、鎌倉へ。サザンはずうっと聞いてきた私の青春。やっと来られたのよ」

1970年代後半からバブルに向かう日本経済は絶好調だった。若い世代は自由で幸福な人生が約束されているような気がしていた。一世代前の学生運動はまったく人気がなかった。桑田たちは青山学院大学でバンド遊びに夢中。彼らが影響を受けたのはビートルズ、エリック・クラプトン、ボブ・ディランなど。私のような東北生まれと違い、湘南は出身者がコンプレックスを感じないあか抜けた土地。そこで育った桑田は屈託なく青春を謳歌《おうか》した。バンドは一旗挙げる手段ではなく、楽しくてたまらない遊びだった。『勝手にシンドバッド』の曲名も沢田研二『勝手にしやがれ』とピンク・レディー『渚のシンドバッド』をくっつけたもの。桑田たちは真面目に遊んだ。

いつかきっと大物になるんだとか、故郷に錦を飾るとか、そうした湿り気のある因果関係を吹き飛ばした新しさ、軽やかさが彼らの音楽なのである。

やんちゃ坊主も成熟し大人になり年寄りになる

茅ヶ崎は昔どんな浜だったのだろうか。

茅ヶ崎市漁業組合代表理事組合長木村英雄さん(67)が経営する釣り船屋の沖右ヱ門丸を訪ねた。

「江戸時代からここらは東海道の半農半漁の村でした。烏帽子岩の周囲は磯場で魚種が豊富です」

春はカワハギ、アジ、イナダ、スズキ。夏はシロギス、キハダ、カツオ、ムギイカ。秋はブリ、カツオ、マグロ。冬はカワハギ、アマダイ、マダイほか。

聖地サザンCモニュメントに詣でるファンが後を絶たない

茅ヶ崎の人々は豊かな海とともに暮らしてきたのである。烏帽子岩を巡る周遊船が始まったのは平成5年。通年で一日に10時、11時、12時の3便しか出ていない。その日はもう遅かった。

出航は電話で確認が必要なので、東京から電話したら、翌日は台風19号接近でダメ。次の日もうねりが残ってダメ。結局、2日後、船に乗った。

周遊船はゆっくりと烏帽子岩を一周する。海から浜辺を見ると人影が少ない。今年の夏は終わろうとしていた。

さて、バブル経済は崩壊し、その後の日本社会は阪神淡路大震災、地下鉄サリン事件、東日本大震災と災厄が続いた。

一方、桑田佳祐の40年という歳月の転換期は本人の食道ガンの発見であろう。

平成22（2010）年、桑田54歳のときの定期健診で見つかった。2月の発見、8月に手術、知られるように術後は仕事に復帰した。それ以前、桑田家をガンの悲劇が襲っている。母親を平成6年、父親を同16年、姉を同20年にガンで亡くした。あの屈託のないステージの裏で桑田の心労があった。

この悲しみが彼の成熟をうながすことになったに違いない。

彼は結成40周年コンサートツアーを前にしたNHKの番組で自分たちのバンドについて「ずっと思ってきたんだけど、仕事っぽくなくやりたい」と真顔でいい、すぐに「ウソだからね、仕事します」とおちゃらけた。

学生時代にサザンに熱狂し、「今何時？」と、声を上げていたファンたちも、それぞれに人生を過ごして成熟したことだろう。

やんちゃ坊主だった桑田がステージでどんなふうに彼なりの成熟を表現するのか、胸さわぎの期待である。

旅のメモ

交 東海道線茅ヶ崎駅下車など
問 茅ヶ崎市観光案内所 ☎0467・82・3986

■月刊「旅行読売」2018年11月号掲載

【昭和58年】◉石原裕次郎

小樽のひとよ

逢いたい気持ちが　ままならぬ
北国の街は　つめたく遠い
粉雪まいちる　小樽の駅に
ああひとり残して　来たけれど
忘れはしない　愛する人よ

歌の舞台
北海道
小樽市

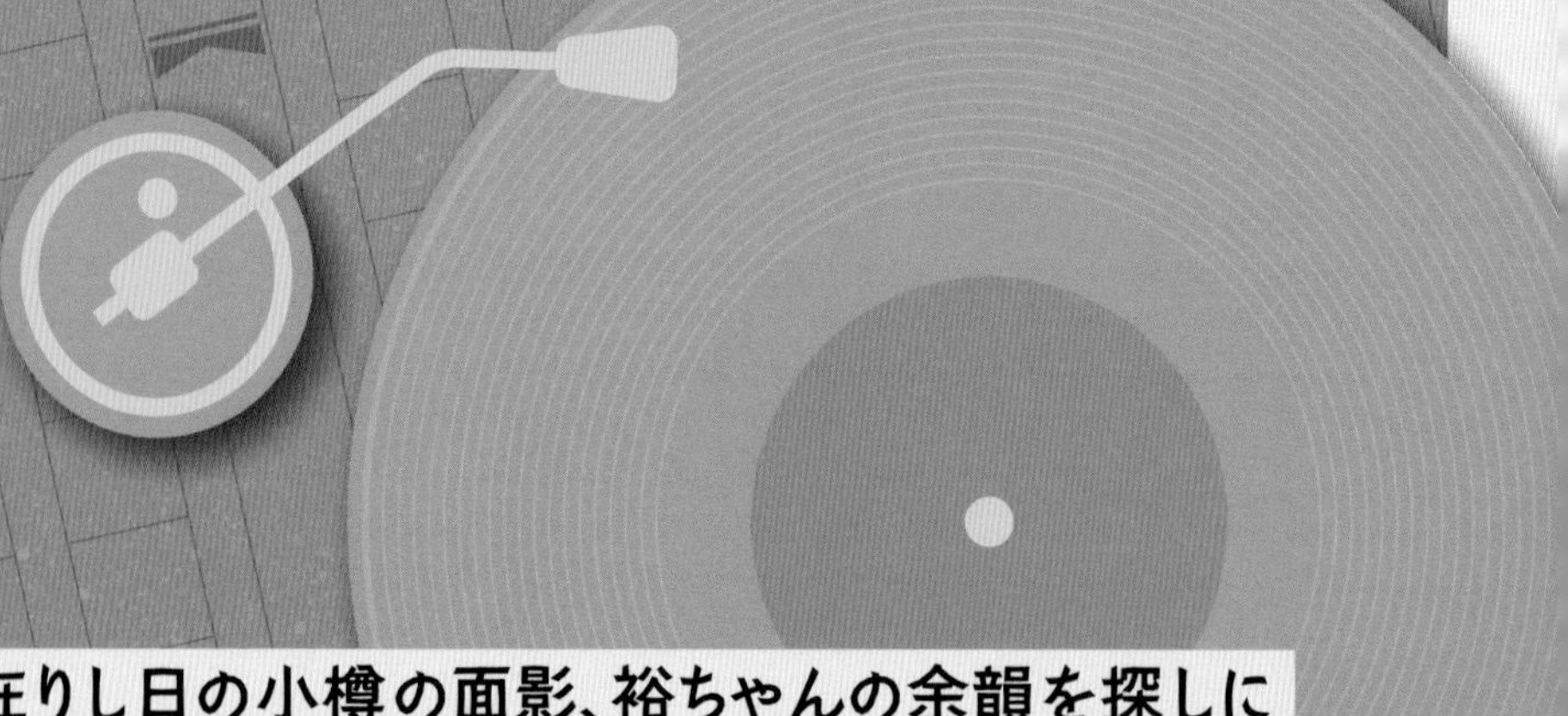

在りし日の小樽の面影、裕ちゃんの余韻を探しに

石原裕次郎が幼少期を過ごした小樽市の石原裕次郎記念館は2017年8月に閉鎖した。それから1年、小樽の街にはいまもなお、その余韻が聞こえている。

小樽の観光名所、運河の遊歩道を散歩する観光客

『小樽のひとよ』（昭和42〈1967〉年）は鶴岡雅義と東京ロマンチカのヒット曲（売上150万枚）である。その後、石原裕次郎がカバーして歌った。裕次郎にはもうひとつ『俺の小樽』があるが『小樽のひとよ』のほうに親しみを感じるファンは多い。

小樽は石原裕次郎にとって3歳から9歳まで（昭和12年から18年）を過ごした故郷である。裕ちゃんの故郷が小樽と知るファンは『小樽のひとよ』を裕ちゃんに歌ってほしかったのである。

正真正銘の裕次郎ファンである私はその気持ちがよくわかる。あの頃、映画館で裕次郎の映画を観た若者は裕次郎のように眉を寄せてタバコを吸い、右足を少し引きずって歩いた。それを見ている中学生が私だった。悪ぶっているが本当は正義感の強い男。女とは粋がって別れてもしょんぼりした後ろ姿。俳優裕次郎の奥に裕次郎本人の繊細で無垢な心があることを私たちファンは知っていた。

ファンにとって、子どもの裕次郎が過ごした小樽に特別の懐かしさを感じるのは自然な感情なのである。

石原裕次郎は時代を走りぬけた。昭和62（1987）年、52歳の死。怪我や病気を繰り返す裕次郎はそのたびに快復したのだが、肝臓ガンには勝てなかった。大スター石原裕次郎の死がひとつの時代を終わらせたように思えてならない。

その小樽を見たい。裕次郎の残像を探したい、と思った。

小樽駅4番ホームに等身大の石原裕次郎の写真パネルがある。やあ、お久しぶりと挨拶した。駅を出ると小樽港の海がはるか向こうに青かった。

小樽市観光振興室によれば石原裕次郎記念館が開設された平成3（1991）年当時年間493万人だった観光客は、26年後の閉館の年には806万人に増加した。このすべてを記念館の観光効果とするわけにはいかないだろうが、「小樽市の観光に記念館は実に大きく貢献しました」と観光振興室が言うのはうなずける。

サンモール一番街に石原裕次郎出演映画のポスターが展示されていた

裕次郎も愛しただろう 運河の風景はいまも残る

裕次郎の子ども時代、小樽はどんな街だったのだろう。

石原慎太郎、裕次郎兄弟の父・潔は昭和10年代に山下汽船小樽支店長だった。その頃の小樽市は活気あふれる経済都市である。小樽市総合博物館、館長の石川直章さん(61)が語る。

「山下汽船は日本郵船、北日本汽船と三つどもえの競争をしていました。道央の石炭、大豆、小麦、アズキ、ジャガイモなどの積荷を奪い合うように運んでいました。沖仲仕《おきなかし》たちが肩を怒らせて街を歩き、艀《はしけ》が荷を赤レンガ倉庫に運び込む。街は活況を呈して、山下汽船支店長は運賃の割引や割増の交渉、荷主の接待などでさぞかし忙しかったでしょう」

父・潔は小樽一番の料亭海陽亭に泊まることが多く、慎太郎、裕次郎の兄弟はしばしば朝早く父親の着替えを届けたという(石原慎太郎著「弟」より)。

小樽市の人口は当時約22万人(現在約12万人)。貨物の集散地で一攫千金の夢も可能な港湾都市だった。小樽名物の運河はこの時代の遺跡である。

裕次郎が格別に小樽に郷愁を感じるのは昔の小樽が活気に充ち、子どもにとってもどこか危険な面白い街だったからだろう。

父・潔は子煩悩で、厳しく、そして優しく息子たちを育てた。裕次郎に育ちの良さを感じるのは名門家系出身だからではなく、両親に深く愛されたからだろう。

小樽の運河が消えそうになったことがある。昭和41(1966)年、運河を埋めて6車線の道路にする計画が道庁から示された。とんでもない、と地元で運河保存運動が起きた。奔走した佐々木一夫さん(68)は運河プラザ喫茶店「一番庫」のカウンターで苦笑する。

「今の運河は昔の半分。道路と運河の折衷案ですな。道路反対派は負けたというのが総括です」

半分残った運河は裕次郎の小樽をかろうじて守った。運河がすべて埋め立てられたら、小樽を象徴する風景も消えてしまうところだった。

粋な別れの思い出に何かが欲しい

石原裕次郎記念館執行役員営業部長だった夏伐《なつぎり》亮一さん(58)に会うことができた。

「私たちはテレビで『西部警察』などを見た世代です。しかし、全盛の頃の裕次郎さんを知って、すごい人だとつくづく思います」

夏伐さんの車で石原裕次郎ゆかりの場所を案内してもらった。小樽駅の南に裕次郎が通った稲穂小学校がある。その道路際にアカシアの大木があった。裕次郎はテレビの仕事でここを訪れたとき「ああ、これだ。元気にしてたか」と抱き着いたという。

しばらく走り、天狗山の展望台へ。小樽の子どもたちはみんなここでスキーを覚えるという急斜面がある。ここで裕次郎も滑ったに違いない。展望台から小樽の街を見下ろすことができた。そのとき北東の海に虹が出た。「あれっ」といって夏伐さんは息を呑み、「裕次郎さんが来てるのかな」とつぶやいた。

さらに今は営業を止めている海陽亭を見た。石原裕次郎は妻のまき子さんを連れ、おしのびでしばしばここに泊まったという。豪勢だが今では寂しい木造の館が埠頭を見下ろす石段の上に鎮座していた。次に夏伐さんは大森富美雄さん(69)の会社へ案内した。大森さんはサンモール一番街の壁面に裕次郎の写真パネルや映画ポスターを展示している。その向かい、自分が経営する金物店から裕次郎の歌声を流している。

社長室へ上がる階段で私は絶句した。記念館に展示してあった映画館の大きな手描きの看板が掲げてあった。あの頃は場末の映画館でも泥絵の具で俳優の似顔絵を描き、掲げていたものだった。

「これらの展示物が処分されるというので私が引きとったのです」

と大森さんは語る。大森さんは会社の業務で記念館の取り壊しもした。石原まき子夫人は「12月まで」と期限を切って商店街での展示を許可したという。

「しかし、小樽から裕次郎さんを知る物が全部消えてしまうのはなんとも寂しい」と大森さんはいう。横で夏伐さんもうなずいた。

この二人こそが石原裕次郎記念館の余韻だった。

上 稲穂小学校のアカシアの大木に抱き着く夏伐亮一さん 下 階段の踊り場に掲げられた絵看板と大森富美雄さん

いや、昭和の大スター石原裕次郎の余韻だった。余韻はファンの胸にそれぞれ残っているけれども、裕ちゃんの小樽との縁は、いまやこの二人の手で握りしめられていた。何か残せないか、と私も思った。大きな星が夜空に輝くのなら、小樽の地上に星を映す静かな池のようなものが欲しい。

私は何もいわずに二人を見た。二人はただ黙っていた。裕次郎ファンは黙るものなのだ。二人はタバコを吸う。その恰好が裕ちゃんに似ている。私もタバコを眉をしかめて吸う。三人とも裕次郎の真似をしているに違いない。タバコの煙。裕次郎にそんな歌があったはずだった。しばらくして、ああ、『粋な別れ』、だったな、と思い出した。

旅のメモ

交 札幌から函館線で約50分、小樽駅下車
問 小樽国際インフォメーションセンター ☎0134・33・1661

月刊「旅行読売」2018年12月号掲載

【昭和36年】◉村田英雄

王将

吹けば飛ぶよな　将棋の駒に
賭けた命を　笑わば笑え
うまれ浪花の　八百八橋
月も知ってる　俺らの意気地

歌の舞台
大阪府
大阪市

通天閣の足元に将棋指したちの暮らしがあった

天才将棋棋士、阪田三吉が暮らした通天閣下の新世界は「こてこて文化」が満開。ずらりと串カツ屋、どて焼き屋が並ぶ。ここに一軒残る将棋クラブを訪ねた。

「空に灯ともす」と歌われた通天閣。取材時は台風の影響で消灯していた

通天閣南本通りを北へ向かって歩くと西日を受けて正面に通天閣。夕方の5時過ぎ、新世界の夜が始まる。

頭上に迫る通天閣。まさに大阪のヘソ。塔の根元に、大正、昭和初期の天才棋士阪田三吉の王将碑がある。三吉が自ら「銀が泣いている」と言った伝説の棋譜《きふ》を再現した盤面には、吹けば飛ぶよな将棋の駒に命を賭けた男の意地と悲哀が刻まれていた。字が読めなかった三吉の生涯は、芝居や映画である種の変人として誇張された。が、その実像は実直で義理堅い人物だった（「棋神・阪田三吉」中村浩著より）。将棋で長く食えなかった三吉はここ通天閣下の将棋クラブで雌伏《しふく》の時期を過ごしたのだ。

歌手村田英雄（平成14年没、享年73）は『王将』で三吉の人生を歌いあげた。昭和36（1961）年、NHK紅白歌合戦で『王将』を歌うと、翌年早々には100万枚を超えるヒット。累計で300万枚以上の売上となり、浪曲出身の村田英雄はこの曲で歌謡界に名を成した。その舞台、通天閣に行ってみたいとやって来たのである。

通天閣・新世界は将棋の聖地と呼ばれた場所。新世界の一角、ジャンジャン横丁にはかつて将棋囲碁クラブが数軒あった。いまでは一軒だけ残った将棋クラブ「三桂《さんけい》クラブ」へ向かう。

幅3メートル《トル》ほどのジャンジャン横丁もこてこて。なんでこうも串カツ屋が多いのか、私には解けない謎である。

三桂クラブ席主の伊達利雄さん(54)が迎えてくれて、中を見渡すと将棋盤が30面、碁盤30面が奥まで並び、定員は120人以上か。眉にしわを寄せて沈思黙考の人、天井を見上げる人、午前9時から始まる店内に熱気がこもっていた。

伊達さんが常連の藤原広志さん(75)を紹介してくれた。入って左側に畳の席があり、その真ん中に藤原さん。半分居眠りみたいに壁に寄り掛かっている。

「ここしか来るところがないねん」

にっこり笑う顔に歯がない。愛嬌こぼれるくしゃくしゃの笑顔。このクラブの常連さんは全員勝負の鬼か、と恐れていた私はどっと緊張がとけた。

将棋の聖地の道場に全国から人が集まる

1時間300円。9時から夜10時まで1日中いても1000円。関東、関西、四国、九州からも客が来る。将棋クラブは腕を磨く道場であり、将棋にとりつかれた男たちの巣である。いや、入り口近くに女性が一人、じろりと私をにらんだのだから男だけの世界とはいいきれない。

藤原さんは駒をきれいに並べて相手が現れるのを待っていた。指の脂が浸み込んだ駒は黒褐色に底光りしている。

「ここに通うために近くに越して来たんや」

藤原さんは三桂クラブへ午前11時にはやって来

て、一日中いる。一日に6、7番ぐらいは指す。通天閣下の銭湯「ラジウム湯」に行ったり、部屋へ寝に帰ったりしてはまた来る。昔は社交ダンスもやった。詩吟は六段という趣味人である。将棋の腕前

ガラス越しに勝負を観戦する人も多い三桂クラブ

はアマ二級の上ぐらい。一般には強いといえるが、ここでは決して強いほうではない。妻を亡くしてからは、三桂クラブで過ごす時間をこよなく楽しんでいる。

「取材かね」

後ろから声がした。福長徳治さん(77)だった。藤原さんに会うのが日課だという。将棋は二の次らしい。

喫茶店に場所を変えて二人にいろいろと話をうかがった。藤原さんは自分の人生についてつべこべいわないのが信条らしく、経歴をくわしく話さなかった。

一方の福長さんは宗右衛門《そえもん》町のすし店「銀座鮨」のご隠居さんらしい。名刺の裏に社会活動の肩書がずらり。大阪南料飲観光協会長、大阪府暴力追放推進センター評議員など10も並ぶ。

福長さんは新世界のことを「いい湯加減の風呂に入って肩の力が抜けるような、清々する街です

な。それと、藤原さんの人柄がいい。東京で大事な会議があるのに藤原さんとのおしゃべりが楽しくて行かなかったこともある」と語った。

二人は酒を飲まない。が、カラオケ大好き。話しているうちに細かく取材をするのが億劫になってしまう。で、ノートをしまってカラオケに行った。なんとまあ、二人は1杯のコーヒーだけで3時間も歌いまくるのである。藤原さんの「テネシーワルツ」、福長さんの「一本刀土俵入り、即興セリフつき」が傑作だった。

今もこの街に残る阪田三吉の勝負魂

通天閣観光株式会社社長西上雅章さん(68)に会った。西上さんはここで生まれ育った生粋の新世界っ子である。

「通天閣が建ったとき、倒れてきたらえらいこっちゃと、心配したものです」

阪田三吉の王将碑の前で藤原広志さん(右)と福長徳治さん

左 真剣師とは思えない温厚な笑顔の岡田敏数さん 右 通天閣観光社長の西上雅章さん。5階の展望台には、幸運を呼ぶビリケンさんの像がある

昭和31(1956)年に高さ108メートル《メートル》の通天閣が建つ。入場者はこの10年、年間100万人を下ったことがない。それでも街おこしの企画が必要だと西上さんは考える。

「やっぱり将棋ですな。将棋の聖地・新世界ですよ」

毎年10月中旬には将棋連盟の主催で「新世界・通天閣将棋まつり」を催して反響は上々という。

昨夜の話題で気になったことがあった。藤原さんは「真剣師」という「賭け将棋」の猛者が三桂クラブにいるという。

子どものメンコでも負ければとられるのが勝負ごと。私は真剣師に会うため、ふたたび三桂クラブに行った。藤原さんは常連の岡田敏数さん(70)を紹介してくれた。岡田さんには真剣師と呼ぶにふさわしい過去がある。

「昔、とんでもない大勝負をしたことがあります。一手ごとに脂汗です。勝ったからよかったものの、負けたら大変でしたな。その夜、眠ろうとしたら飛車が天井を駆け巡っていましたっけ」

岡田さんは広島県アマチュア代表になったほどの強さだ。広島市で10年間ほど将棋クラブの経営を任されたが、今の若い棋士志望者はインターネットで対戦して将棋クラブに来ない。仕方なく将棋クラブを閉じて三桂クラブで指しているという。

今は将棋を楽しみ「勝率6割ぐらい」と笑う。負けて眠れぬ夜もあったはずなのに、浮世の恨み事から解脱したような笑顔。三桂クラブの常連たちは将棋の方向に浮世から解脱したのかもしれない。ひりつくような勝負の世界に暮らしながら飄々《ひょうひょう》と過ごす日々。それは一種のいさぎよさとはいえまいか。何に命を賭けてもよいのが人生なのだ。

3日目の朝、朝6時からやっている通天閣真下の「ラジウム温泉」に入った。いい湯だった。なるほどここはいい湯に入ったような街である。

旅のメモ

交 環状線新今宮駅、地下鉄御堂筋線動物園前駅、堺筋線恵美須町駅下車など

問 大阪観光局 ☎06・6282・5900

月刊「旅行読売」2019年1月号掲載

【昭和44年】 ◉内山田洋とクールファイブ

長崎は今日も雨だった

愛《いと》し　愛しのひとは
どこに　どこにいるのか
教えて欲しい　街の灯よ
ああ　長崎は今日も雨だった

歌の舞台
長崎県
長崎市

造船景気に沸く長崎の熱気が、ヒット曲を生んだ

昭和40年代、長崎では「銀馬車」「十二番館」「オランダ」などのグランドキャバレーが競い合っていた。この歌はその妖しく華やかな夜の街から生まれた。

酔客が行き交う思案橋界隈は夜の長崎を彩る飲み屋街

着いた日、長崎は小雨。『長崎は今日も雨だった』のような空模様。

長崎造船所の元社員、黒田雄彦《かつひこ》さん(73)と一緒に市電に乗って、長崎一番の飲み屋街「思案橋」で降りた。まだ夜は浅い。界隈《かいわい》をぶらぶら歩きながら黒田さんが語る。

「あの頃は、思案橋のどの道もぞろぞろと酔っぱらいが歩きよった。道に車が入れんほどの人混みだった」

あの頃とは、長崎が造船景気で沸いていた頃だった。日本の造船業が世界一になったのは昭和30年代の中頃。三菱重工業長崎造船所はその先頭を走って長崎市の経済を支えた。当時の人口は約50万人。造船所の従業員はおよそ2万人、家族を含めて7、8万人以上の暮らしと長崎市の経済は長崎造船所が支えていた。東シナ海の漁業も盛んで、街には食べ物や日用品を売る市場がいくつもあり、どの市場も好景気にうるおっていた。

昭和40年代には世界的な大型タンカーの造船ブームを受けてさらに好景気になった。造船所の作業服を着たままグランドキャバレーへ入る社員が

長崎造船所遠景。戦前には巨大戦艦「武蔵」を造った

多かった。彼らは上客だった。ジャズのフルバンド、ラテン系のコンボバンド、歌う専属歌手、ロングドレスのホステスさんたちの嬌声《きょうせい》と香水の匂い、ビール瓶を照らして回るミラーボールの光。その中から『長崎は今日も雨だった』が誕生するのである。

　昭和43（1968）年にグランドキャバレー「十二番館」の専属バンド、中井昭・高橋勝とコロラティーノが『思案橋ブルース』で世に出た。どのキャバレーも客の奪い合いでしのぎを削っていた。客寄せの歌が欲しい。先をこされた「銀馬車」も負けられないと専属バンドのマスター内山田洋（平成18年没、享年70）に新曲の企画を頼む。こうして翌年に、前川清をリードボーカルに迎え『長崎は今日も雨だった』（内山田洋とクールファイブ）が発売される。

　その前には青江三奈『長崎ブルース』（昭和43年）も発売されており、瀬川瑛子『長崎の夜はむらさき』（同45年）も出そろった。長崎を歌う新曲はどれもヒットした。そのなかで『長崎は今日も雨だった』

は累計150万枚の大ヒット曲となる。

長崎発の新曲ブームはなぜこれほどの勢いだったのか、この疑問をさぐりに長崎にやって来て、造船景気の熱気が生み出した歌だと私は知った。

いとしの人の面影を求めさ迷う思案橋

思案橋界隈は旧花街丸山町の入り口にあたる。グランドキャバレー「銀馬車」は電車通りにあった。「十二番館」は中華街の銀座川のほとり、「オランダ」は思案橋横丁の中ほどにあった。

「オランダ」の支配人だった門《かど》隆さん(83)は当時を思い出す。

「ホステスさんたちが70人前後はいたでしょうか。彼女らは事情があって水商売に出ています。乱暴者の旦那と離婚したとか、家族のために稼がなければならないとか、みんな訳ありの人生ですよ。うちの従業員は事務方が4、5人、ボーイさん15人ほど。ホステスさんは給料にプラスして指名料600円で稼ぐのです。指名されて席について、また指名があれば、あちらの席、こちらの席と飛び回る。売り掛けもできるし、他店の引き抜きもあるし、支配人はホステスさんの事情を知っての人事管理です。ほとほと疲れました。気疲れですよ」

元造船所社員の黒田さん(前出)は、「給料3万円の時代にキャバレーの飲み代は3千円から4千円。月に2、3回は行きました。上司が部下を引き連れて行くこともよくあった」という。

キャバレーはほかに「ワールド」「ミカド」「太郎」「B&B」「びーどろ」「シルクロード」など。毎晩バンドマン350人ほどがこれらの店で演奏していた。

市内でギターラウンジ「V7」を経営するギタリスト藤本雅《まさる》さん(69)は高校生のとき「ギターを弾きたい」と、ギター教室の先生でもあった内山田洋にギターを習った。

「内山田さんは人格者でしたよ。私はまったくの初心者で、教えを乞うと、いつも優しくにこにこして、ここはこう弾きなさいと教えてくれました」

恋も生まれた。純愛も悲恋も。

門さんは思い出す。

「支配人時代に客とホステスの心中事件が二つありました。あの子があの客と！とびっくりしてね。その時初めて恋仲だった二人を知るのです。恋の相談をされてもうまい答えはなかったかもしれませんが……どうにも哀れでねえ」

「あなた一人にかけた恋」だったのだろうか。密かに燃えるホステスと客の恋は甘く切なく、あてもなく石畳の歩道を歩いたのか。

好景気は吹き飛び キャバレーはすべて閉店した

ギタリストの藤本さんは、当事キャバレーの専属バンドで活動。仕事がはねた深夜、ギターを持って弾き語りのアルバイトをした。

「小さなクラブを2軒ぐらい走り回って掛け持ちすると、トータルで月に50万円もの収入になった。バンドマンもあの頃はよく稼げたし、長崎経済は絶好調でした」

が、昭和48（1973）年、第一次オイルショックが長崎を襲う。続く昭和54年に第二次オイルショック。タンカーブームは消え、一転して世界は船舶過多、造船所の受注は激減する。長崎の好景気は吹き飛んだ。まだ大丈夫と思っているうちに不景気の底が深いことがわかった。やがてキャバレー全部が閉店に追い込まれた。

「長崎のキャバレーは不滅だと信じていましたからショックでした。それでもピアノ、ギターは単独で仕事ができますが、ラッパ（管楽器奏者）は苦しかった。バンド編成が無ければラッパは仕事ができない。自殺者が出ましたよ」

飲み屋はどこも静かになった。日本の造船業を韓国、中国が追いかけ、お家芸といわれた日本の造船業はいまだに苦境にある。

長崎市の人口は約42万人に減少し（２０１８年）、増加の兆しは見えない。長崎市はその後観光業に活路を見いだして今日を迎える。

取材最後の夜、私は藤本さんの店「Ｖ７」で常連さんの歓迎を受けた。藤本さんはガット弦のギターでラテンの曲を演奏した。甘く切なく艶やかな響きだった。

藤本さんに車でホテルへ送ってもらった。だが、どうにも飲み足りなかった。ホテルには帰らず、そのままスナックに入った。カラオケで『長崎は今日も雨だった』を歌おうと思ったが、声が出ない。長崎市の盛衰、ホステスさんの死ぬほどの恋、バンドマンの悲哀が脳裏に浮かぶ。皆さんにどんな事情があったのかと思うと物悲しく心乱れて、黙って水割りを飲んだ。

長崎には追憶の雨が降るのである。

左往時を懐かしんで歩く元造船所社員の黒田雄彦さん　右自分の店で演奏するギタリスト藤本雅さん

キャバレー「オランダ」の元支配人、門隆さん

旅のメモ

交長崎駅前停留場から崇福寺行き路面電車で約12分の思案橋停留場、約5分の出島停留場下車など

問長崎市総合観光案内所　☎０９５・８２３・３６３１

■月刊「旅行読売」2019年2月号掲載

【昭和39年】◎井沢八郎

あゝ上野駅

就職列車に　ゆられて着いた
遠いあの夜を　思い出す
上野は俺らの　心の駅だ
配達帰りの　自転車を
とめて聞いてる　国なまり

歌の舞台
東京都
台東区

集団就職の若者にとって、上野は心の駅だった

昭和30年代、中卒の「金の卵」たちを乗せ、臨時列車が走った。安い労働力として高度成長を支えた彼ら。後の人生が知りたくて、その一人を訪ねた。

集団就職専用列車で上野駅に到着した「金の卵」たち（写真／読売新聞社）

山形県高畠《たかはた》町の横山守さん（73）は宴会でよく『あゝ上野駅』を歌う。

「おれが集団就職で東京へ出たことをここらの皆は知っているからね。『これはおれの歌だ』、と歌うと大喝采だよ」

今では約８㌶の水田とリンゴ、サクランボなどの果樹園２㌶を経営する横山さんが昔を思い出す。

「おれは９人兄弟の８番目。口減らしのために中卒で就職したようなものだ」

当時の中卒就職者数は全国で約46万人。そのうち故郷を離れて都会へ出た者は24万２０００人。特別編成の集団就職列車に乗った者は７万８０００人とされる（文部省統計）。「金の卵」ともてはやされた中卒就職者は、折から始まった高度成長経済で求人難になった企業の求める安い労働力だった。

横山さんが東京へ出た３年後の昭和39（１９６４）年に井沢八郎の『あゝ上野駅』（作詞・関口義明、作曲・荒井英一、東芝レコード）が発売され、東北６

県の中卒就職者を励ます応援歌となって100万枚の大ヒット。井沢八郎が青森県弘前市の出身だった親近感もあってか広く受け入れられた。

当事、東北人が上京する時は必ず上野駅が終着駅だった。青森から12時間、米沢からでも8時間はかかった。希望と不安を抱えて到着した駅であり、故郷への玄関口でもある上野駅は、集団就職者にとって、文字通り心の駅だった。

私は集団就職者のその後の人生を知りたいと思った。ごく限られた成功者のケースを除いて、集団就職者を追跡調査した例は少ない。横山さんの話がその貴重な例に加わるだろうと思った。

青い山、吹き渡る風
帰りたい、故郷へ

昭和36(1961)年3月、横山さんは高畠町立和田中学校を卒業し、金の卵の一人として上京した。故郷を出るときは「緊張していたのか悲しくなかった」と語る。その後の人生のほうが波乱万丈だったからかもしれない。

上野駅に着いた横山さんを軽オート三輪車ミゼットが迎えた。横山さんは幌《ほろ》をかぶせた後ろの荷台に乗った。どこをどう走ったのか、延々と揺られてやっとミゼットが止まった。東京都大田区糀《こうじ》谷《や》の町工場が並ぶ路地だった。

「ところが、そこは就職先の会社じゃないのよ。看板を見て、ここじゃない、というと、ありゃ、人違いか、いいから、ここで働かないか、と言うんだ。おれは就職先へ送って下さいと頼んだ」

その会社は誰でもよかったらしい。しかし、さすがにまずいと正しい就職先へ送ってくれた。

就職した小さな工場《こうば》は倉庫のような平屋建て、従業員は10人ほど。寝床は屋根裏部屋のような2階だった。夜遅くまで下の旋盤がうるさい部屋に、新潟から集団就職で来た新人と布団を二つ並べた。その大部屋に兄貴分の先輩たちと一緒に寝る。

どこで飲むのか、兄貴たちは酔っ払って帰って来ては騒ぐのだった。

当時売れていたホンダスーパーカブのキックペダルの部品を作る仕事だった。ネジ切りをやらされたが、すぐに覚えた。初めのうちは多摩川の土手で

集団就職経験者有志らが建立した『あゝ上野駅』の歌碑

キャッチボールをした。羽田飛行場に見物に行くのが楽しみだった。が、やがて社員募集の新聞広告がたくさん出ていることに気づいた。どこもここよりよさそうだった。

「1年ちょっとで最初の会社を辞めて横浜の電気工事の会社に勤めた。月給が少し上がって７０００円くらいだったか」

そこもしばらくして辞めた。福生《ふっさ》（東京都）の電気関係の工場にも勤めた。夜勤の多い仕事だった。そこも辞めて直江津《なおえつ》（新潟県）の電気関係の会社に勤めた。そこも間もなく辞めて出身地に近い米沢市板谷《いたや》のジークライト（脱臭、水質浄化などに用いる触媒材）を作る工場に勤めた。15歳で故郷を出てから転々と仕事を変えながら、わずかでも故郷に近い会社を選んできたことになろうか。

「そうか、気がつかなかった。帰りたかったのかな。知らぬ間に高畠に近い会社を選んでいたのだね」

自覚できない望郷。上野駅に向かうときには隠

れていた望郷の思いが胸の底で「帰ろうよ」と囁《ささや》いていた。

高度成長を支えた「金の卵」たちの歌碑

19歳になった横山さんは北海道旭川の陸上自衛隊に入隊し、3期6年の勤務の間に大型免許や特殊免許を取ることができた。その頃、故郷から婿養子の縁談が届いた。自衛隊員の制服を着た凛々《りり》しい写真を送り、お見合いをして縁談がまとまった。26歳になっていた横山さんは今度こそ故郷に帰るのである。

横山さんの実家は、高畠町三条目《さんじょのめ》の今の横山家とは7キロほど離れている。この7キロを横山さんは11年の歳月をかけて旅したことになる。お婿さんになってからもよく働き、田畑を倍に広げた。田畑を倍の広さにするのは大変な努力であり、まさに堂々たる人生であろう。

上 旧高畠電鉄を記念する保存機関車の前で横山守さん 下 座談会出席者。左から高橋栄之輔、石田克、佐藤正一、平正一のみなさん

取材はおよそ2時間、「おれはどこでもよく働いたよ」と炬燵《こたつ》に入ってわが人生を語る横山さんは少し誇らしげだった。

高畠町郷土資料館、館長青木敏雄さん(62)の話を要約すると、横山さんたちが就職した2年後の昭和38(1963)年度の数字では、高畠町の中学卒業生860人のうち、62％が高校へ進学し、27％が就職した。農業などの家業に就いた者は11％である。いまでは廃線になった旧山形交通高畠線の高畠駅から彼らの多くは上野駅に向かった。

やがて高畠町や近隣市町村に工場が進出し、地元企業への就職者が増えてくる。高畠町中卒就職者たちは追い詰められた選択ではなく、前向きな選択として県外に就職したという。

今も高畠線の敷地跡が「まほろばの緑道」として残っていると聞き、訪ねてみた。旧山形交通高畠駅跡には、石造りの駅舎や当事の車両もある。襟元に吹き込む風が冷たい。ここから彼らは東京へ出たのだな、と思えば切なかった。

和田地区公民館で地元の皆さんに「出稼ぎについて」の座談会をしてもらった。

高橋栄之輔さん(83)「戦争で男手がなくて、終戦直後には米どころのここでも食うものに苦労した」。石田克さん(74)「ほとんどの男は刈り入れ後の半年は出稼ぎに出た」。平正一さん(69)「残ったじいちゃん、ばあちゃん、母ちゃんの三ちゃん農業なんて言われたな」。佐藤正一さん(75)「私は東名高速や新幹線などの工事で働いた。それが得意だ」。

座談会では口減らしや、家の貧しさで中卒就職をせざるを得なかった東北農村の現実が浮かび出た。紙数の都合ですべてを紹介できないのが残念である。

いまでは山形新幹線で上野駅まで約2時間。私は上野駅で降りて『あゝ上野駅』の歌碑を見た。歌碑は夕日を浴びて鈍く光っていた。

集団就職も出稼ぎも、東北人の勤勉さを物語っている。上野駅広小路口の前に立つこの歌碑は、よく働いた者たちすべての記念碑でもある。

旅のメモ

交 山形新幹線高畠駅、上野駅下車

■月刊「旅行読売」2019年3月号掲載

【昭和62年】

雪椿

◉小林幸子

やさしさと　かいしょのなさが　表と裏に　ついている
そんな男に　惚《ほ》れたのだから
私がその分　がんばりますと
背《せな》をかがめて　微笑み返す
花は越後の　花は越後の　雪椿

歌の舞台
新潟県
加茂市

雪椿を育み、酒を醸《かも》し、耐える母を抱く雪が降る

冬、雪椿は雪に埋もれて枝の先に小さなつぼみをつけ、じっとうずくまる。雪が消え、水がぬるみ、若草が萌《も》える春、雪椿は光に向かって可憐《かれん》な花を咲かせる。

4月に入ると咲き始め、中旬には満開となる雪椿園の雪椿。桜の花と競演を見せる（写真／加茂市）

小林幸子『雪椿』（作曲・遠藤実、作詞・星野哲郎）は昭和62（１９８７）年の発売。売上約80万枚のヒット曲である。

新潟市出身、精肉店の娘だった小林幸子にとって『雪椿』は自分自身の生い立ちに重なるふるさとの歌である。

小林幸子は9歳（昭和38年）のとき、テレビ番組「歌まね読本」（ＴＢＳ）に出演してグランドチャンピオンになる。審査員だった作曲家・古賀政男が小林をスカウトし、翌年『ウソツキ鴎』（作曲・古賀政男、作詞・西沢爽《そう》、売上げ約20万枚）でデビューする。順調なすべり出しに見えたが、あまりに美空ひばりに歌声と歌唱法が似ているところから、ひばりの母親・加藤喜美枝から嫌われたという。

加藤喜美枝の嫌悪の影響が業界に及んだという説もあって、その後はなかなかヒット曲に出会えなかった。不遇時代には一人で地方のキャバレー回りやレコード店巡りなどを経験し、懸命に耐えた。

苦労の歳月を経てデビューから15年目、『おもいで酒』（昭和54年）が２００万枚の大ヒットになる。耐えに耐え、やがて花咲く雪椿のような歌手人生である。

『雪椿』が発売されたのは『おもいで酒』の8年後。小林は作詞家・星野哲郎に『雪椿』の作詞を直接依頼したという。小林幸子は星野哲郎に家族のこと、父母のこと、それまでの人生のことを詳しく話した。その実話をもとに歌詞ができた。

優しいけれども、かいしょのない男に惚れてしまった「私」なのだから、死ぬまで尽くすという女のモデルは、小林幸子の母親だった。

私はこの歌を口ずさむとき、男の優しさとはなんだろうか、と考えさせられる。

優しいけれどダメな男。そんな男に尽くす女は一途で哀しい。尽くす女の姿は例えれば雪椿のようだという。いったい雪椿とはどんな花なのだろう。福井県から秋田県の豪雪地帯に分布し、新潟県は加茂市に群生している。それだけ知って旅に出た。春はまだ遠い。私は雪の下に眠る雪椿を見たいと思って加茂市に向かった。

「県の木」雪椿の群生地 加茂市はにぎわった

信越線加茂駅に降りて売店の人に聞くと「雪椿なら加茂山公園です」という。

静かな街だった。雪はまだ積もっていない。人通りのない商店街に頑丈な屋根と柱のアーケードが続く。駅から東へ歩いて12、3分、青海《あおみ》神社の裏山にあたる加茂山公園内に「雪椿園」があった。

どの雪椿も雪囲いされていた。どの枝も荒縄で束ねられ、雪をかぶった緑の葉が寒そうだった。梢《こずえ》まで3$_{\text{メートル}}$ほどもあろうか。雪椿の木々はやがて半分ほどは雪に埋もれる。この時期の雪椿は雪に身構えているようだった。

加茂市は新潟県の中央部、長岡市の北に位置している。加茂市役所で同市教育委員会市史編纂《さん》担当の中沢資裕さん(49)、都市計画課の小野慎太郎さん(43)、商工観光課の牛腸《ごちょう》藍美さん(39)らから話をうかがった。以下はその要約。

雪椿は昭和41(1966)年に新潟県の「県の木」に選ばれた。すぐに加茂市も雪椿を「加茂市の花」に決めた。雪椿は新潟県内の各地に自生して

上2月の雪椿園。積雪は12チセン。縄で雪囲いされた雪椿は剪定(せんてい)されて樹高が高い 下雪椿酒造の杜氏・飯塚泰一さん。仕込んだ酒樽の前で「杜氏は天職」

いるが、そのうち、加茂山公園に県内でもっとも大きな群生地があったからだった。

以後、加茂市(人口約3万人)は雪椿で知られることになる。

同市観光協会が中心になって「このチャンスを逃さずに雪椿で町おこしをしよう」との機運が盛り上がり、「雪椿まつり」が誕生する。「雪椿園」の整備、ミス雪椿の募集など、にわかに雪椿ブームが到来したのだった。

第1回「雪椿まつり」の昭和42年4月の人出は3万人。見物客のほとんどが新潟県民だった。こうして現在も「雪椿まつり」は加茂市の恒例行事として毎年4月中旬頃から開催されている。

雪椿はヤブツバキやサザンカの寒地性種である。花は赤が多い。地を這《は》う低木で、根元から小枝をたくさん出し、林間の下草のような姿で豪雪に耐える。雪が消える春には立ち上がって花を咲かせる。一般の椿のように花をたくさんつけないが、雪椿の

花は楚々《そそ》として可憐である（萩谷薫、故人。元新潟大学教授の研究資料などより）。

耐える女を雪が抱く やがて花咲く春が来る

雪椿はもうひとつの贈り物をした。

雪椿の花弁からとった酵母菌が酒を醸したのである。市内仲町にある「雪椿酒造」の前任の杜氏《とうじ》・二宮一行さん（57）が雪椿の花に付着した微生物の中から清酒を醸す酵母菌を発見し、培養することに成功した（平成20年）。

社長の小山譲治さん（59）は「酵母菌の選別と培養は東京農業大学の研究室でやりました。何千万個の微生物から選別しての培養で、奇跡のような発見です」と語る。現在の杜氏・飯塚泰一さん（40）は「杜氏は天職」と言い、続けた。「なによりもここは粟ヶ岳が水源の伏流水が酒によいのです。よくぞここで杜氏になったと満足しています」

『雪椿』の歌碑。ここに小林幸子、遠藤実、星野哲郎が立った

純米吟醸雪椿酵母仕込の清酒「雪椿」を飲んだ。軽く、やや甘く、すっきりとした味だった。

小林幸子が加茂山を訪れたのは『雪椿』発売の15年後である。平成15年4月12日、加茂文化会館で小林幸子のリサイタルが催された。その日は加茂山の雪椿園に『雪椿』の歌碑が建った日だった。小林は歌のモデル母・イッさん(平成13年没、享年79)の遺影をもって歌碑の前に立った。式には作曲の遠藤実、作詞の星野哲郎も臨席した。

星野哲郎は『雪椿』のレッスンの情景を思い出していたかも知れない。

星野も同席していたレッスンで、遠藤の弾くピアノの音が突然途絶えた。振り向いた小林はピアノの前で嗚咽《おえつ》している遠藤実を見た。

遠藤は「この歌のお母さんは私の母でもある」と語ったという。

遠藤の父親は苦労人だった。べっこう飴《あめ》を作ったり、廃品回収業をやったり、紙芝居師をやったり、新潟市と東京を往《い》ったり来たりして頑張るのだが、どれもうまくいかなかった。遠藤の母も貧しさに耐えた女だったのである(遠藤実自伝「涙の川を渉《わた》るとき」)。

どうにも『雪椿』という歌には苦労物語がついて回る。哀調が心に沁《し》みる。

私は旅の終わりに、酒によいという加茂市の水の源流域、粟ヶ岳の雪景色を見たいと思い、県道を東に向かった。が、とうとう雪が降り始めた。見れば県道沿いに日帰り温泉の「美人の湯」がある。行くのをやめた。冷えた体に温泉とはありがたかった。

大きな浴場の外に露天風呂があった。さっそく体を沈めた。

庭に静かに雪が降り積もっていく。つくづくと雪を眺めた。雪は耐える女を抱きしめ、酒を醸し、雪椿を育む。この雪に耐えれば春が来る。

越後の雪がしんしんと降ってくる。

旅のメモ

交 上越新幹線長岡駅から信越線で35分の加茂駅下車
問 加茂市商工観光課 ☎0256・52・0080

■月刊「旅行読売」2019年4月号掲載

【昭和57年】●梅沢富美男

夢芝居

男と女　あやつりつられ
対のあげはの　誘い　誘われ
心はらはら　舞う夢芝居
恋はいつでも初舞台

歌の舞台
東京都
北区

大衆芝居の役者たちが妖しく輝く劇場へ

旅回り芝居一座の実力と魅力を梅沢富美男の『夢芝居』は満天下に示した。その舞台の一つ、東京北区十条の篠原演芸場に今宵も芝居の華が咲く。

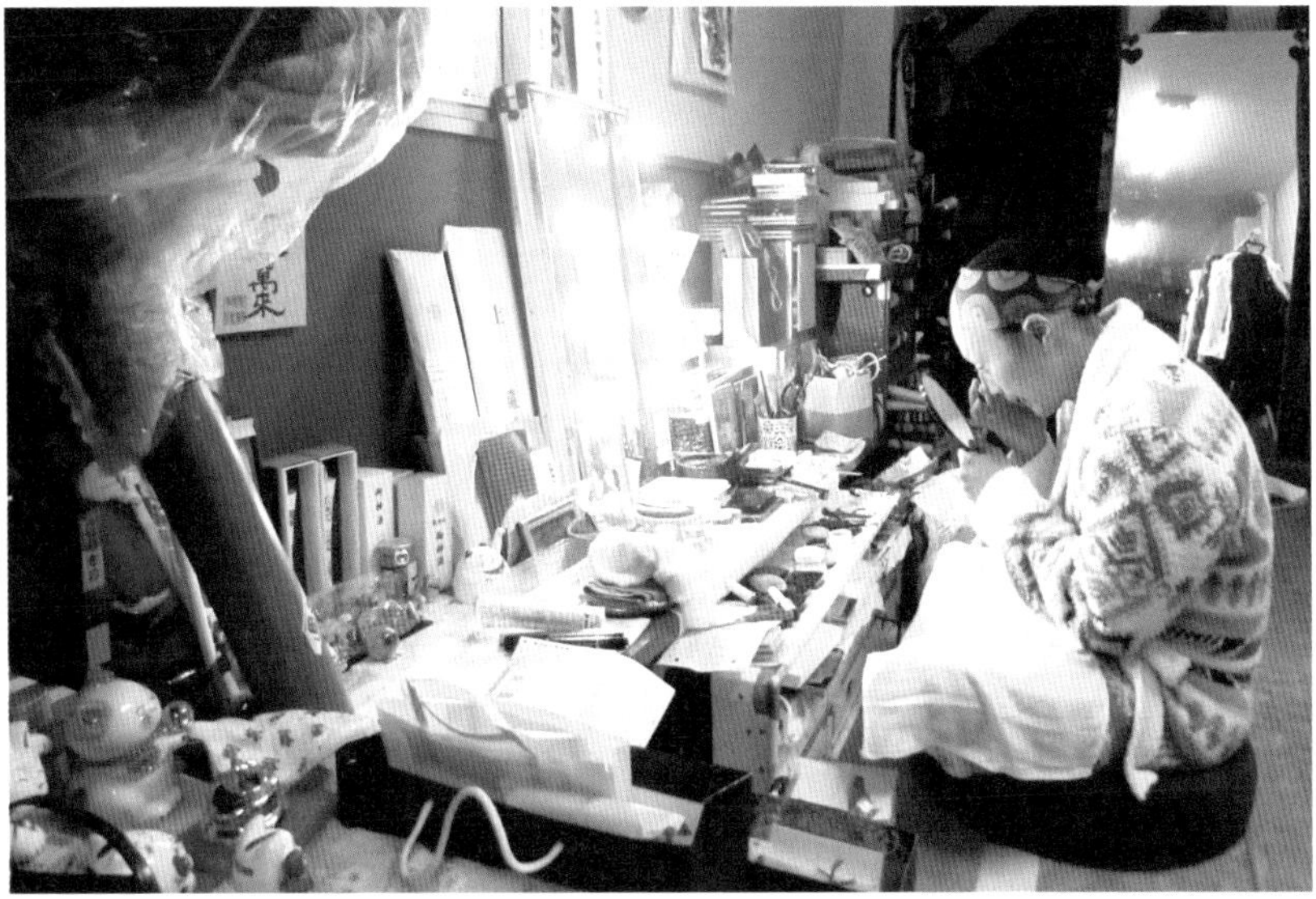

開演直前の厳しい集中。顔を作る見海堂真之介さん

梅沢富美男『夢芝居』（昭和57〈1982〉年11月発売。作詞・作曲小椋佳）は、TBSの「ザ・ベストテン」が発売翌年の5月に、東京都北区十条の篠原演芸場から梅沢劇団公演を生中継し、女形に扮《ふん》した梅沢が妖艶に歌い舞う姿を放映したことで人気に火がつく。累計売り上げ50万枚以上のヒットになり、梅沢富美男は同年の紅白歌合戦に出場した。

当時から梅沢劇団は人気劇団。三枚目役を好む梅沢富美男は必ずしも女形に扮して歌うことを好まなかった。座長武生の二枚目役との2人で観客を笑わせ、楽しませていた。テレビに登場してさらに人気が沸騰し、いま、梅沢劇団は快調に各地を巡って公演している。

富美男は劇団で育ち、1歳7か月の初舞台「抱き子役」から芸道一筋の人生を歩んでいる。子どもの頃から女形だけは嫌、といっていたのは性格がやんちゃだったからかも知れない。

梅沢はTBS金曜ドラマ「淋しいのはお前だけ

じゃない」(昭和57年6月〜)で、旅回りの芝居役者の役でテレビ初登場。女形で踊る姿が注目を浴び、大衆演劇を広く世間に知らせることにもなった。その年の11月に『夢芝居』が発売される。

私は『夢芝居』が実況放送された篠原演芸場で、その舞台を見たいと思った。

旅の芝居一座を「大衆演劇」というのは大衆が身近に好む演劇というほどの意味で、篠原演芸場の2代目経営者篠原浅五郎が命名したとされる。

根強い人気で昭和30年代(1955〜)まで東京に50軒以上もあった大衆演劇の劇場は映画、テレビなどの新しい娯楽に追われ、昭和50年代(1975〜)に入ると東京に篠原演芸場ただ一軒になる。

「父・篠原浅五郎が浅草木馬館を大衆演劇劇場にした昭和52年頃が一番苦しい時期でした」

と語るのは3代目篠原演芸場代表取締役篠原淑浩さん(66)である。

篠原演芸場が十条にできたのは昭和26(1951)年だった。初代の清助は埼玉県鴻巣《こうのす》の興行師。2代目浅五郎は東京を転々とし、丸太掛けの芝居小屋で悪戦苦闘しながら興行を続けて十条に大衆演劇専門館の篠原演芸場を建てる。

「父は『どぶの中にもきれいな蓮の花は咲く』という信条の人でした」と淑治さんは語った。

篠原演芸場と座長たちの熱意が人気を支えた

大衆演劇を守る篠原演芸場は座長たちと協力し、企画にも注文を出して懸命に観客を増やしていく。

平成10(1998)年2月には、古びてきた劇場を一新して現在の篠原演芸場が完成する。ここまで三代がかりの苦労である。平成11年には篠原浅五郎の三回忌追善全国座長大会興行が開かれて浅五郎の業績が讃えられた。

十条駅の商店街を歩いて6、7分、私は劇場の前に立った。商店街にポスターが貼られ入り口に花輪が並ぶ。平日開演は夕刻6時、土日と祝日は午後12時30分開演の2回公演。前売指定席2500円。自由席2200円。私の取材は3月1日、見《み》海堂《かいどう》劇団公演の初日だった。

午後4時過ぎ、私は篠原さんの案内で劇場内を見せてもらった。1、2階の客席数300弱。1階の客席は座布団に座椅子が並ぶ桟敷席である。

上 開演中の篠原演芸場の前はひっそりとして静かだった 下 篠原淑浩さんは大衆演劇の世話役であり、プロデューサーでもある

花道付きの舞台は横に15メートルほど。照明と音響設備は最新式。この舞台と客席の近さが篠原演芸場の素晴らしさである。

楽屋に向かう。狭い廊下の至る所に鬘《かつら》の箱、小道具、衣装の箱などが置いてある。階段を上がった楽屋で座長の見海堂真之介さん(24)は顔を作り始めていた。素顔は精悍《せいかん》な二枚目。眉を描くあたりから見事に役者になっていく。ちらりとこちらを流し目で見るその視線は女形のもの、ぞくっとした。

これより少し前、劇場事務所で真之介さんに取材した。舞台備品を運ぶのは10トン車2台と4トン車4台。これを一座の男衆が運転して移動するという。大衆演劇の公演日程は一か所1か月。月末の移動は幕が下りてからトラックに備品を積み込み、徹夜の移動となる。劇団員は子どもを入れて21人。全員がこのスケジュールで移動するハードな日々である。

「休みは公演の中頃に一日あるかな」

真之介さんは笑い、続けた。

「その日の舞台が終わって体に余力が残っていると、すっきりしないんです。完全燃焼するまで演《や》りたいのですよ」

一心不乱の芸への精進。彼も「抱き子役」から鍛えられてきた役者だった。

泣いて笑っての任侠《にんきょう》芝居に観客はやんやの大喝采

函館から来たという見海堂真之介のファン羽田美和子さん(75)に入り口で聞いた。「真之介はいま一番輝いているわ。まだ若いから楽しみ。どこまで成長するかしら」。川口市の古谷野秋子さん(75)も真之介のファン。二人は篠原演芸場で知り合った。そういう付き合いが劇場で生まれている。

今日は大入り満員。8割以上が女性客。若い女性も多い。やがて開演。顔見世舞踊があでやかに繰り広げられた。湿り気をふくんだ溜め息が場内に充ちた。

子分を抱いて涙の引っ込み

休憩の後は、いよいよ任侠ものの芝居となり、真之介の役は人望厚い立派な親分さん。悪い親分が金で雇った人斬り渡世人が真之介親分の命を狙う。茶屋の場面でくすぐりの連発、場内爆笑。やがて場面は古寺の山門となり、呼び出された真之介親分が子分を斬った人斬り渡世人を長ドスで斬り倒す。真っ白に雪が降った。が、なんと、殺した渡世人は子どものときに生き別れて探していた実の父親だった。場内静まって涙。真之介親分も泣きながらの引っ込み。客席はやんやの大喝采。笑って泣いての感動である。

演目は驚くことに日替わりなのである。150ほどもある演目を座員は体にしみ込ませて覚えている。抱き子役から舞台経験を積み上げなければできるものではない。それが「大衆演劇」の凄みであり、実力なのだ。

続いての歌謡舞踊がまた圧巻。役者たちが入れ代わり立ち代わりに舞うさまは大輪の花の競演。真之介だけでも金髪の女、丸髷《まげ》の女、みだれ髪の女と獅子奮迅の熱演また熱演である。

千変万化する妖しい美しさに私は酔っぱらった。するとご祝儀を役者の胸元に大きなヘアピンで貼り付ける客が現れた。それも続々と現れた。むむっ、あれは1万円札に違いない。

ご祝儀はひいきの心意気である。芝居を支える力なのだ。昔なら「おひねり」をぽんと放る場面で、いまは万札の「お貼り付け」が照明に光る。文字通り客とともにある芝居の光景なのだった。

終演後、扮装のままの役者たちが並んでお見送り。客は順番を待って言葉を交わし一緒に写真を撮る。昨夜は徹夜の移動だったはずの座員一同が疲れも見せない笑顔だった。

取材のとき、梅沢富美男は劇団と共に九州地方公演、そのあとも四国、東京圏、北海道へと旅が続く。私はその献身に感動する。こうした感動も含めて大衆芝居の魅力なのだと納得した。

旅のメモ

篠原演芸場

交 埼京線十条駅または京浜東北線東十条駅下車、徒歩5分

問 ☎03・3905・1317

■月刊「旅行読売」2019年5月号掲載

潮来笠

【昭和35年】◉橋幸夫

潮来の伊太郎　ちょっと見なれば
薄情そうな　渡り鳥
それでいいのさ　あの移り気な
風が吹くまま　西東
なのにヨー　なぜに眼に浮く潮来笠

歌の舞台
茨城県
潮来市

旅をせかせる涙雨、男伊太郎どこへ行く

3日、4日のつもりが10日、潮来の宿の長逗留、俺も惚《ほ》れたといいたいが、渡世人家業に情けは無用。本当は優しい旅がらす。利根の時雨は涙雨……。

前川あやめ園。あやめの季節には、あやめ見物と遊覧船に並ぶ人々でにぎわう(写真/潮来市)

昭和35(1960)年に発売された橋幸夫のデビュー曲『潮来笠』(作詞・佐伯孝夫、作曲・吉田正)は累計売り上げ120万枚以上のヒット曲である。『潮来笠』は瞬く間に大ヒット。股旅《またたび》姿で歌う17歳の少年は歌謡大賞新人賞を受賞し、NHK紅白歌合戦に出場した。

その橋幸夫のデビューから45周年にあたる平成17(2005)年7月、『潮来笠』の歌碑と潮来の伊太郎の像が潮来市営「前川あやめ園」に建った。

「水戸市在住のファンが匿名で費用を用意し、歌碑の建立を提案しました。そこで潮来市と観光協会ほか地元は伊太郎像も建てることにしました」

と当時の潮来市観光協会長鴇田《ときた》清一さん(71)は語る。市内を流れる前川は水郷の風景を今に伝えている。除幕の日、橋幸夫は62歳、まるで里帰りしたように歌碑と伊太郎像の前でにこやかに『潮来笠』を歌ったという。

『潮来笠』より3か月早く『潮来花嫁さん』(歌・

花村菊枝）が発売されてヒットしていた。二つのヒット曲が一度に生まれるとは、潮来市にとっては幸運だった。

「この2曲のおかげで、嫁入り舟、ろ舟遊覧、あやめまつりなど、潮来の伝統が全国に知られました」（潮来市産業観光課長額賀浩さん〈56〉）

観光ブームを迎えた潮来市は、毎年あやめの時期には「水郷潮来あやめまつり」を催している。

私は潮来市中心部を流れる前川岸のろ舟乗り場前に立った。伊太郎は旅合羽《がっぱ》に三度笠姿で遠くを見ていた。この三度笠を歌詞では潮来笠と呼んでいるわけだ。

作詞の佐伯孝夫は潮来に遊びに来て、この歌詞を書いたという。しかし、どうもこの歌詞からは潮来の伊太郎という人物像が分からない。薄情そうな旅人さんで、粋な単衣《ひとえ》の腕まくり、どうやら旅の途中、潮来の女に惚れたらしく、利根川上流の関宿《せきやど》から未練の花びらを流したりしている……。

あやめの畑を背景に伊太郎像は少し寒そう。花が咲くのは5月下旬から

いったい伊太郎は何をしに潮来に行ったのか。歌詞にはそれを書いていない。

これが昔からの私の疑問だった。もちろん歌詞はリアリズム小説ではないのだから、どの歌もあいまいなところがある。だが、気になる。その答えを探しに、私は潮来にやって来たのである。

花街と利根川の舟運で潮来の街はにぎわった

地元の方々の話を聞いて、疑問が解けた。江戸時代初期から、潮来は一大レジャーランドだった。

潮来は水戸藩の飛び地、しかも遊郭の花街として江戸時代初期から有名だった。

幕末には遊郭が収める運上金、冥加《みょうが》金(税金)が水戸藩収入の3割から4割を支えた。水戸藩の有力な財源だった。

遊客は水郷の舟遊びと、引手茶屋の芸姑《げいこ》や遊郭の遊女に誘われて潮来へやって来たのである。

また、奥州諸藩廻船の千石船が、年に３００隻、４００隻と銚子から利根川を上って潮来河岸に入港した。利根川は銚子から二流に別れ、北利根川が西浦(現霞ケ浦)、北浦、外浪逆浦《そとなさかうら》を結んでいる。これらの川に囲まれた潮来は、米の集散地としてもにぎわった。川舟に積み替えられた米俵は利根川本流を遡って関宿から墨田川を下り、江戸の蔵前まで運ばれた。やがて利根川を砂が埋め、幕末になると操船技術も向上して江戸湾に直接千石船が入り出し、水運の拠点としての役割は衰えた。

だが、遊郭があった。芭蕉も来た。一茶も来た。滑稽本の式亭三馬も来た。

水郷の情景、水鳥の遊ぶ川面は美しい。十六島《じゅうろくしま》という地名は水路に囲まれた十六の島のような田んぼのこと。つまり水郷である。江戸時代中期、潮来の遊女は２００人。50数軒の引手茶屋や10数軒の遊郭の玄関は水路に面していた。

「暮れては美人を小舟に載せてまこもがくれの月

を見る」（大久保錦一著・「潮来遊里史」）という陶然とした酔いと遊びが潮来の夜であった。

米の集散地、色気の歓楽地、川舟の船頭や川人足もやって来る。金が回れば賭場も立つ。親分衆も威勢が良い。伊太郎は渡世人のはず。ははあん、伊太郎はこのにぎわいを目当てに、何か儲《もう》け話はないかとやって来る人々のうちのひとりらしいのだ。股旅姿なのだから船頭ではあるまい。旅に出るから百姓町人ではあるまい。薄情そうな、だが優しい半端者。私が勝手に想う伊太郎は笠に手をかけ、うつむき加減に土手を行くのである。

遊女の願いが込められた花魁双六《おいらんすごろく》のあがり

私は遊郭跡の浜町を歩いた。当然ながら遊郭は消えている。古地図を見ると街はすべて水路で結ばれていた。ここでの路地とは舟の行く水路なのである。今はあやめ園のある前川だけが岸辺の風景とともに残っている。

上 伊太郎像の建立に汗を流した鴇田清一さん 下 阿や免旅館の主人仲根猛さんは「映画の撮影隊はよく飲んだ」と話す

私が泊まった阿《あ》や免《め》旅館の当主仲根猛さん（66）は遊郭あやめ楼の子孫だった。

「花魁双六が家にありました。『あがり』の図は遊女の位で一番上の『太夫《たゆう》』ではないのです。借金に縛られ、年季奉公を強いられた遊女の年季が明けて、亭主になる男と手に手をとって故郷の村に帰って行く姿が『あがり』なのです」

遊郭の光の部分はあでやかに描かれるが、影の部分は悲しい。売春禁止法の施行は昭和32（1957）年であり、『潮来笠』の発売はその3年後。新しい潮来の出発の時期に重なっている。

仲根さんが思い出す。

「橋幸夫さんはうちに泊まっていますよ。美空ひばりと共演の映画ロケでした」

潮来には長く江戸時代からの水郷の風景が残り、それが時代劇映画のロケーションにぴったりだった。仲根さんがまとめた資料ではざっと40数本以上。「船頭小唄」から「潮来笠」「天保水滸伝」「利根の朝霧」ほか、駘蕩《たいとう》とした風景がフィルムに刻まれている。

昔、潮来に行くには東京から鉄道で佐原《さわら》まで行き、ろ舟に乗って横利根川を北へ行く。途中で水路を東へ向かい十二橋の下をくぐって北利根川に出ると対岸は潮来である。これが舟遊びでもある。

今では高速バスで東京から2時間を切るほどに近くなった。

私は旅の終わりに十二橋の下を遊覧船に乗ってくぐった。潮来側に遊覧船の乗り場があり、20～30人は乗れるエンジン付きの遊覧船に一人で乗った。「水郷之美天下に冠たり」と詠嘆したのは明治の文豪徳富蘇峰である。広い川面が気持ちよい。なるほど冠たりであった。大気に水っぽさがあった。春爛漫《らんまん》の潮来の風に鼻腔《びこう》がなごむように感じる。

水位を調節する閘門《こうもん》に入るとエンジンを止める。家々の軒下を行くような細い水路の上に小さな橋が架かっていた。静かだった。舟をやる竿《さお》の水音だけがする。

「潮来出島の十二の橋を、行きつ戻りつ思案橋」。江戸時代から歌い継がれたこの『潮来節』の一節は、伊太郎の気持ちかもしれない。恋の相手はどんな娘だったのか、また疑問が湧いた。

旅のメモ

交 東京駅から高速バス約1時間30分の水郷潮来バスターミナルで路線バスに乗り換え、約10分の潮来駅下車
問 潮来市観光商工課 ☎0299・63・1111

■月刊「旅行読売」2019年6月号掲載

【昭和44年】◉藤圭子

新宿の女

私が男に　なれたなら　私は女を　捨てないわ
ネオンぐらしの　蝶々には
やさしい言葉が　しみたのよ
バカだな　バカだな　だまされちゃって
夜が冷たい　新宿の女

歌の舞台
東京都
新宿区

藤圭子は新宿の星になって輝いている

沸騰する1970年代の新宿。恋も芸術も野心も、歳月に洗われて消え去っていった。まこと尽くせばいつの日か、夢がかなうと信じられたあの頃の新宿を想う。

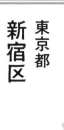

ゴジラの顔が見える歌舞伎町ゴジラ通りの夕景。これから「新宿の夜」が始まる

藤圭子のデビュー作『新宿の女』(作詞、作曲・石坂まさを、共作詞・みずの稔)は昭和44(1969)年9月の発売で、売り上げ88万枚以上の大ヒットになる。翌年の4月発売の『圭子の夢は夜ひらく』は累計120万枚を超える大ヒット。この年に発売されたシングル4枚(『女のブルース』110万枚など)の合計で300万枚以上を売り上げた驚異的な18歳の新人歌手が藤圭子だった。

折しも時代は高度経済成長期の絶頂だった。どの大都市の歓楽街もわんわんと混みあっていた。『新宿の女』とは、そうした歓楽街の一つ、新宿の接客業に働く女のことであろう。

歌舞伎町商店街振興組合理事長の片桐基次さん(70)は当時を思い出す。

「午前0時過ぎの終電車に乗る客があちこちから湧き出てきて、新宿駅に向かってぞろぞろと歩いて行くのです。あの頃から、新宿を不夜城なんて呼び出した」

藤圭子の歌声には底光りするような暗さがきらめいていた。暗さがきらめくとは矛盾した言い方だが、ドスの効いた低音部から引っ張り上げていく高音部のきらめく暗さは人々の心を捉えた。何度も泣かされた女の悲しみ。歓楽街にうごめく女の心にうずくまる怨み。この少女は歓楽街に働く女の「悲哀」を、自分の暗い人生にかぶせて歌ったのである。

はじめ売れ行きが鈍かった『新宿の女』のキャンペーンのために、作詞の石坂まさをは藤圭子の「新宿25時間流し」を企画した。

歌舞伎町の北東にあたる西向《にしむき》天神から、歌舞伎町、新宿2丁目、南東部の外れに位置する花園神社とその裏のゴールデン街まで、白いギターを持った藤圭子がこの曲だけを一昼夜流して歩いた。その界隈は夜の新宿の中心街だった。

歌舞伎町商店街振興組合がまとめた「歌舞伎町の60年」から、『新宿の女』発売の頃の新宿を素描してみよう。

昭和44（１９６９）年に同組合に加盟する店舗は約１１００店、和食や中華料理、寿司店などの飲食業、バー、キャバレー、ビアホール、スナックなどの風俗営業、旅館業などが加盟していた。

歌舞伎町へやって来る流動人口は、一日に30万人から40万人。銀座、六本木、赤坂界隈《かいわい》の店が閉店してからも深夜の客がやって来る、まさに不夜城であった。

花園神社の裏には妖しい花が咲いていた

昭和45年から新宿の暴力団取り締まりが本格化した。新宿地区に縄張りを持つ暴力団は13団体、その構成員は２９００人と警察庁は推定した。新宿は警察庁の全国一斉特別取り締まりの重点地区になり、暴力団は目に見えて静かになる。

そしてこの昭和45年に藤圭子は頂点に駆け上

る。同年4月発売の『圭子の夢は夜ひらく』はレコード大賞大衆賞と歌謡大賞を受賞する。藤圭子は時代のアイドルとなって疾走した。

『新宿の女』が流れていた当時私は雑誌記者で、

歌舞伎町商店街振興組合理事長、片桐基次さん

上 若い外国人の客と談笑するバー「久絽」のママ 下「すず」のマスター大野千秋さん(70)。昔から新宿の夜を見てきた

ゴールデン街でよく酔っぱらった。苦い記憶も多いが、あの時代のゴールデン街を語る資格がある。

いまや花園神社裏のゴールデン街は外国人に人気の観光スポットになってにぎわっている。しかし、あの当時は静かで安く、狭い酒場が並ぶ独特な酒場街だった。カウンターに10人も並べば満員の店に一歩入れば、酒と議論と野心と鬱屈《うっくつ》とコンプレックスが渦を巻いていた。

俳優、映画監督、詩人、作家、編集者、革命家、ライター、新聞記者、カメラマンなど、正体不明の人物も隣の奴と議論をし、喧嘩《けんか》をし、怪気炎を上げていた。

ここに来れば10軒ははしごをしていた直木賞作家田中小実昌、ママが誰彼となく客を呼び捨てにする「まえだ」で作家中上健次は早くから飲んでいた。ノンフィクション作家立花隆は一時期ここで酒場をやっていた。店の経営者も自分がやりたいことをやるために店をやっている人が多かった。当時からのバー「久絽《くろ》」のママ(73)は路地をオブジェに

してしまうアーティストであり、「まえだ」のママ（故人）は元女優だった。

　前出の片桐理事長は「戦後の闇市の流れがゴールデン街です。闇市が整理されるときに危ないお色気系の店がゴールデン街に移り、健全な飲食店が歌舞伎町へ移ったのです」と語る。

　ゴールデン街に灯る真っ赤な灯《ひ》、狭い階段で2階へ上る小さな店には、戦後の混乱と暗がりの気配が漂っていた。

暗くていいのさ 人間だもの

　ノンフィクション作家沢木耕太郎は、藤圭子の引退直後のロングインタビューを「流星ひとつ」（平成25年新潮社刊）にまとめている。それによると、幼少期の圭子は貧困に苦しんだ。子どもの頃から歌うことが好きだった。デビュー後数年たって、声帯を傷めて手術をした後に、独特に澱《よど》む声がきれいになった。

　すると「この声は藤圭子ではない」と、昭和54（1979）年に引退するのである。

　歌手前川清との結婚と離婚。引退後の渡米、宇《う》多田照實《ただてるざね》との結婚と離婚と再婚、宇多田ヒカルの誕生。名前を藤圭似子と変えて芸能界復帰。旧名に戻して再々出発と、振り子のように揺れていた藤圭子は平成15（2003）年8月、西新宿のマンションから飛び降り自殺する。享年62。

　「流星ひとつ」に空を飛ぶ夢をよく見る

新宿6丁目の西向天神境内にひっそりと立つ『新宿の女』の歌碑

と藤圭子が語るところがある。

「(前略)どんどん高く飛んで雲を突き抜けると、そこにはもうひとつの世界があって、そこに着くと何ともいえないくらい気持ちがいいんだ」

藤圭子はこの夢のように夏の夜空を飛んだと思いたい。

宇多田ヒカルは母が精神的に病んでいた様子をツイッターで明かした。

「(精神的な)症状の悪化とともに(中略)彼女は自身の感情や行動のコントロールを失っていきました」

私は思う。「暗いのはダメ」という時代風潮がそのうえ彼女を追いつめたのではないか。

列島改造景気、オイルショック、バブル景気と崩壊、世の中の変転は目まぐるしい。そして、バブルの頃から「ネクラ」はダメ、「ネアカ」はよいという風潮が広まり、今に続いているように思う。

複雑な生き物である人間に暗い所があって当然なのに、明るく振る舞う、という同調圧力が、藤圭子の歌をいっそう過去のものにしたのではないか。

私は歌舞伎町の劇場街を歩いた。ゴジラが吠《ほ》えるコマ劇場跡の高層ビル。地球座やミラノ座、広場の真ん中の暗い池も消えて明るい石畳になった。新宿の飲み屋街はどこも明るくなった。

私はその足でゴールデン街に近いバー「すず」に寄った。雑誌記者仲間と私は昔からこの店でよく飲んだ。

「人間暗くて何が悪い。明るいのは滅びの兆し、と太宰治も言ってるぜ」とつぶやくと、マスターは「おや、悲しいことでもあったみたいね」と優しく笑った。

旅のメモ

交 中央線・山手線・東京メトロ丸ノ内線新宿駅、東京メトロ丸ノ内線・都営新宿線新宿三丁目駅下車など

■月刊「旅行読売」2019年7月号掲載

【昭和40年】 ◉森繁久彌

知床旅情

しれとこの岬に　浜なすの咲く頃
思い出しておくれ　俺たちのことを
のんでさわいで　丘にのぼれば
はるか國後に　白夜は明ける

歌の舞台
北海道
斜里《しゃり》町、羅臼《らうす》町

ハマナスの花が咲き、知床の夏が始まる

知床の自然は人々を魅了する。しかし、か弱い。海や山や川が作る命の輪が壊れれば、すぐに荒れる。訪れるたびに、自然に対して慎み深くありたいと思う。

知床旅情【昭和40年】

知床横断道路最高地点（標高738メートル）の知床峠から羅臼岳を見る

森繁久彌作詞・作曲の『知床旅情』は昭和45（1970）年に加藤登紀子盤が発売されてから人気になり、累計140万枚以上の大ヒット曲になった。

森繁久彌が『しれとこ旅情』としてNHK紅白歌合戦で歌ったのが昭和37年。森繁久彌は当時圧倒的な人気スターだった。森繁節といわれた歌いっぷりは独特で、小節まわしがやたらと多かった。

加藤登紀子はそんな森繁の匂いを消し、多くの人が好む歌に変えて、『知床旅情』は大ヒット曲になった。その歌声を聞いて森繁は「あんたにこの曲をあげるよ」と言ったと伝わる。

こうして長く親しまれる『知床旅情』が知床半島のイメージをも決めることになった。

知床半島の東南部、羅臼町にある、歩道の幅をちょっと広げたような小さな「しおかぜ公園」に、森繁久彌の像が映画「地の涯《はて》に生きるもの」（東宝、昭和35年公開）の扮装《ふんそう》姿で立っている。像の向かいには『知床旅情』の歌碑もある。

映画「地の涯に生きるもの」は、冬のオホーツク海の番屋小屋で留守番をする老人の物語。森繁はその彦市老人の役を演じた。

撮影は羅臼港から半島の先端の浜辺に点々と立つ番屋小屋で行われた。番屋小屋へ通じる陸路はなく、船で通うしかない。撮影は地元の漁師らの献身的な協力に支えられた。森繁がそのお礼の気持ちをこめて作ったのが同曲である。

森繁は地元の人々に歌唱指導し、ロケが終わった別れの朝には皆と一緒に歌ったという。

アイヌ語でシルエトク(シレトコ)とは「地の果て」という意味。知床半島を地の果てと思っていたのが当時の日本人であり、映画の題名にそれが見て取れる。

私は「しおかぜ公園」から羅臼港を見下ろした。その後整備された港は防波堤が沖へ延びて整然としていた。いま羅臼町は「魚の城下町」がキャッチフレーズである。「道の駅知床・らうす」で食べた焼きナメタガレイはなるほどドンと大きく、城下町の殿さまみたいに堂々としていた。

人々の声と手で知床の森は守られた

歌詞にあるハマナスの花が咲くのは夏。ハマナスは開花期が長く、6月から咲き始めて8月いっぱい点々と赤い花を咲かせる。

知床半島は昭和39(1964)年、国立公園に指定された。半島を分断するように連なる山脈の東南部が羅臼町、西北部が斜里町(釧網線の駅名は知床斜里)である。広さ約6万1000㌶。半島の大部分がほぼ国立公園であり、平成17(2005)年にはこの地域が世界自然遺産に登録された。

ヒグマ数百頭の生息密度は世界一。トド、セイウチ、シャチ、クジラも来る。猛禽《もうきん》類のオジロワシ、オオワシ、キツツキ類のクマゲラ、シマフクロウもいる。キタキツネ、エゾシカ、エゾリス、川を遡上するサケ、マス。冬の流氷は植物プランクトンや藻を運び、それを食べる動物プランクトンが川で生まれたサケやマスの稚魚の餌になる。帰って来たサケやマスは海の幸をわが身もろとも陸へ運ぶ。みんなつながっている。自然生態系の鎖の輪が一つ壊れてもバランスを失って知床は荒れてしまう。

知床の原生的自然は風光明媚な観光地とは少し違う。観光客はそれを知らなければならない。自然に対して「謙虚さと、畏怖、畏敬の念」を持ってほしいと国立公園のパンフレットは言っている。

ところが昭和62年、その知床の森を旧林野庁北見営林署は伐採しようとした。たちまち知床の自然を学術的に貴重だと認め、調査研究していた学者や自然保護協会などから「伐《き》るな」という声があがり、伐採反対の声は日に日に大きくなった。

地元で伐採反対運動に取り組み、その運動を母体に町長選に立候補して当選した元斜里町長午来《ごらい》昌《さかえ》さん(83)は、今も矍鑠《かくしゃく》として知床の自然を見

しおかぜ公園に立つ彦市老人の銅像と右手前が歌碑。右手は羅臼港

守っている。

「当時の林野庁会計は赤字が累積していて、金になるならどこの国有林も伐ってしまおうと思ったのです。地元から伐採反対の声が上がっても知らん顔。もう最後はお役人の面子《めんつ》だけでしゃにむに伐ろうとしたのですよ」

知床半島の根元、ウトロ高原の自宅で午来さんは笑みを浮かべて懐古する。

後に世界自然遺産になるほどの知床の森の、それも国立公園内の樹木を伐ろうとする考えについては「あの頃の林野庁お役人の自然観には奥行きがなかったのですな」と苦笑する。

反対運動によって伐採は中止された。危なかった知床の森はこうしてからくも守られたのだった。

知床の自然を知ってもらうことそれが恩返しにつながる

羅臼から知床峠へ車で向かった。雲が晴れて雪を残す羅臼岳（1661㍍）がくっきり見えた。知床半島は東北に延びている。山はすべて火山性で無数の谷川が刻まれ、かつては幅3、4㍍の名もない小川をサケやマスが盛り上がるように遡上した。

午来さんは開拓農家時代に牧草用のフォークでサケやマスを川から掻《か》き出すように獲って保存し、冬の食糧にした。

「知床の自然のおかげで私たちは生き延びた」といい、続けて「知床に自然を学ぶ学校を作りたい。知床の自然の恵みへの恩返しです」と夢を語った。

知床五湖を見た。湖畔近くまで高架の木道ができていた。展望台の正面にサシルイ岳（1564㍍）があるはずだが雲に隠れていた。地上の遊歩道はヒグマ出没のために閉鎖。畏敬の心で湖面に映る山々を見た。

知床自然センター・知床自然財団の山本幸《ゆき》さん（40）は「観光と自然保護の両立」について語る。

「エゾシカに苗木や木の皮を食べられて、木が枯れてしまうのです。やっとエゾシカの個体数調整ができるようになりました。でも、エゾシカを駆除するなんて可哀そうとか、ヒグマを殺すのはひどいという声もあります。しかしなぜ個体数を減らすのか、その根拠を皆さんに分かってほしい。観光の前にここに立ち寄って知床の自然生態をしっかり知れば、理解できると思います」

温泉で知られるウトロには世界自然遺産センターがある。応対してくれた島田莉穂《りほ》さん(26)はなんと東京・浅草出身。週末を知床の山々の登山で過ごす。

上 午来昌さん。知床の恵みで生きてきたという 下 山本幸さん。観光客の自然学習などで夏は忙しい日々を過ごす

「素晴らしい自然に感動の日々です。冬に流氷が来て、キュウキュウと鳴く音を聞きたかった。でも、地球温暖化のせいか、流氷が来ても鳴かないの。流氷が減っているのです」という。

夏は知床半島の花の季節。チングルマ、コケモモ、コマクサ、シレトコスミレなどの高山植物が、寒冷地のここでは平地で花を咲かせる。

帰りは知床斜里駅から列車で網走へ。車窓からはハマナスが多い「小清水《こしみず》原生花園」が見えた。が、花が咲くまであと2週間。咲くまで知床に居座るか、いや無理、残念である。

旅のメモ

交 女満別空港から知床エアポートライナー(期間限定で運行)で2時間15分のウトロ温泉バスターミナル下車など

問 知床斜里町観光協会 ☎0125・22・2125

■月刊「旅行読売」2019年8月号掲載

【明治34年】◉中学唱歌

箱根八里

箱根の山は　天下の険
函谷関《かんこくかん》も　物ならず
萬丈《ばんじょう》の山　千仞《せんじん》の谷
前に聳《そび》え　後《しりえ》にさゝふ

歌の舞台
神奈川県
箱根町

箱根には古さと新しさが折り重なっている

古くは源頼朝や北条早雲の古事、下っては箱根関所。
芦ノ湖越しの富士山は日本の典型的風景の一つ。
今も多くの観光客でにぎわう箱根の歴史を訪ねた。

箱根旧街道石畳道。石畳で舗装する前は泥んこ道だった

〽箱根の山は　天下の険
　函谷関も　物ならず

私は小田急ロマンスカーに乗るとすぐこの歌を小さく口ずさんだ。

白線の付いた学生帽、手拭いを腰に高下駄《たかげた》で険しい山道を登って行く昔の中学生、高校生の姿が目に浮かぶ。

同曲は明治34(1901)年に中学唱歌として発表された。歌詞は漢文の教養が基になっている。明治時代の中学生が「漢詩」のようなこの歌詞の意味を理解していたかと思うと感心する。この歌を高吟しながら箱根山を登った若人はさぞや多かったにちがいない。

作詞の鳥居忱《まこと》は嘉永6(1853)年生まれ。東京音楽学校(現・東京藝術大学)音楽学部の教授の頃に作詞した。

作曲の滝廉太郎は明治12(1879)年生まれ。東京音楽学校研究科時代に作曲している。

箱根八里とは小田原から上り坂四里（約16キロ）、三島宿への下り坂四里をさす。標高846メートルの箱根峠までの山道が「天下の険」である。

箱根は東海道の難所である。関所跡があり、箱根七湯《しちとう》はよく知られ、桜咲く芦ノ湖越しに見る富士山は美しい。温泉よし、景色よし、避暑によし、昔から交通の要所にして大観光地だった。

梅雨の晴れ間、私は箱根湯本からバスで箱根恩賜公園に向かった。

〽萬丈の山　千仞の谷
　前に聳え　後にさゝふ

国道1号は正月の箱根駅伝でおなじみの道。バスはくねくね曲がって45分ほどで『箱根八里』の歌碑のある箱根恩賜公園に着いた。前方、木の葉隠れに芦ノ湖、左手に箱根関所という一角に堂々とした歌碑があった。歌碑は古色を帯びていた。

滝廉太郎は音楽留学生としてドイツに学んだが肺結核で帰国。明治36（1903）年に23歳で没する。彼にとってこの曲は健康だった青春の記念碑でもある。何だか敬虔《けいけん》な気持ちになる。『荒城の月』ほか彼の歌に親しんできた私は、この早逝《そうせい》の作曲家の人生を惜しんで手を合わせた。

「天下の険」が「ケンカの険」になった時代

箱根がにわかに騒然とするのは、世に箱根山戦争と言われた西武系と小田急系の交通を巡る競争が始まる戦後だった。

作家獅子《しし》文六は昭和36（1961）年3月から朝日新聞に小説「箱根山」を連載してこの抗争を描き、登場人物に「こりゃあ天下の険じゃない、ケンカの険だ」と言わせて天下を笑わせた。

以下は箱根町立郷土資料館学芸員高橋秀和さん（42）の解説と、元・同資料館館長加藤利之著「箱根山の近代交通」（平成7年、神奈川新聞社）からの要約である。

復元整備された箱根関所。「入り鉄砲に出女」は厳しく調べられた

昭和25(1950)年、小田急電鉄が箱根湯本まで乗り入れる。地元は大歓迎だった。

小田急は戦時中東急グループに編入されていたが戦後に分離、また箱根登山鉄道を併合して強羅《ごうら》から早雲山《そううんざん》までケーブルカーの交通網を整える。ロマンスカーもこの時期に登場した。

これに対抗して西武系資本の駿豆《すんず》鉄道(以下、西武系と記す)が元箱根から小田原までバス路線の認可を得る。

小田急系はそれまでこのバス路線を独占していた。そこへ西武系の挑戦である。加えて本丸の小田原へ競争相手が乗り込むとは一大事、全社を上げて迎え撃つことになった。

その結果、小田原駅で乗客の争奪戦が始まった。「箱根行きのお客さんはこちらにどうぞ」とボリュームいっぱいの拡声器が叫び合う。客はうるさくて何が何やら聞き取れない。両社のバスには案内役が張りついて客を奪い合う。そのうえ同時刻の発車。元箱根まで抜きつ抜かれつのラリー状態。当時の国道1号は道幅が狭く、おっかないほど。どちらのバスの客も「止めて、助けて」と悲鳴をあげる始末だった。

高橋さん(前出)は「西から西武系が箱根に進出し、東の小田急側が迎え撃つ形勢でした。当時の日帰り客は760万人。団体客も増え始め、箱根の人気がさらに大きくなる時代でした」と語る。

遊覧船の湖上決戦 西武と小田急の手打ち

芦ノ湖遊覧船で優勢だったのは西武系だった。そこへ小田急系の箱根観光船が殴り込む。桟橋建設を巡って、すったもんだの末に箱根観光船が元箱根に寄港できるようになったのは昭和28（1953）年。同30年には箱根観光船の大型船「あしがら丸」（120㌧、定員567人）が就航する。

形勢不利と見た西武側は自社の占有道路（現・県道734号）から小田急系バスを締め出す。小田急系は桃源台発の観光船にアクセスできなくなり、対抗策で箱根ロープウェイ建設に乗り出す。

争いをこじれさせたのは西武系の大物経営者で政治家の堤康次郎（昭和39年没、享年75）と、小田急側の五島慶太（昭和34年没、享年77）の2人である。2人とも嫌われるほどのワンマン経営者で、「ピストル堤」、「強盗慶太」のあだ名が残る。争いは2人の意地の突っ張り合いでもあった。やがて2人は前後して没し、箱根山戦争は終結した。

私は早雲山からロープウエイを見上げた。取材時、ロープウエイは火山活動で運休中。代替バスが走る地上の道路は元西武系、頭上のロープウエイ

上箱根恩賜公園の『箱根八里』の歌碑。付近は史跡地区で石畳道も近い 下「きのくにや」の川辺さん。江戸時代から硫黄泉（左）と重曹泉（右）が効くと評判

は小田急系。ここは箱根山戦争の古戦場なのだった。

箱根には歴史がにじんだ古い旅館が多いが、私はその中の一つ芦之湯温泉の「きのくにや」を訪ねた。ここには勝海舟の扁額《へんがく》が残る。江戸時代の狂歌師蜀山人《しょくさんじん》の碑もある。志賀直哉はここを定宿とした。

「きのくにや」経営者の川辺ハルトさん(64)は「西武も小田急も旅行の大衆化、団体客の増大に目がくらんだのでしょう。客単価を高くしていた私どもの宿は安い団体さんへの対応が遅れて業績を落としましたがね」と苦笑した。

箱根はその後右肩上がりに客を増やした。昭和47年には年間総観光客数2153万人、これは今の箱根の年間総観光客数にほぼ等しい。

「私などは小田原から三島へと周遊する大箱根構想を持っています。急いで観光するよりも、ゆったりと過ごせる大箱根構想を展望しています」

川辺さんはそう言いながら、うむ、とうなずいた。

〽八里の岩根　踏み破る
　斯《か》くこそありけれ　近時《きんじ》の壮士

『箱根八里』の歌詞は、昔も今も、時代を映して肩を怒らせている。

あるいは堤康次郎と五島慶太の2人は『箱根八里』の歌詞にわれ知らず煽《あお》られていたのかも知れない。まるでこの歌詞にある「壮士」のように意地を張り合った。思えば2人ともこの歌を歌って過ごした世代にあたる。

この2人の争いの結果、現在の箱根の交通網が完成したと言える。そして、この争いの最大の受益者が私たち観光客であることは言うまでもない。

旅のメモ

交 箱根湯本駅から箱根登山バス箱根町線33分の恩賜公園前下車、箱根湯本駅から伊豆箱根バス湖尻方面行き25分の早雲山駅入口下車など
問 箱根町総合観光案内所 ☎0460・85・5700

■月刊「旅行読売」2019年9月号掲載

【昭和47年】 ●小柳ルミ子

瀬戸の花嫁

島から島へと　渡ってゆくのよ
あなたとこれから　生きてくわたし
瀬戸は夕焼け　明日も晴れる
二人の門出　祝っているわ

歌の舞台
香川県
土庄町《とのしょう》

瀬戸の小島へ、花嫁を乗せた小船が揺れる

瀬戸内海、小豆島の西に小さな沖之島がある。小豆島から渡し船に乗って7代続いた沖之島の漁師の家に嫁いだ花嫁さんが、結婚式の思い出を語った。

小豆島と沖之島を結ぶ渡し船で嫁ぎ先へ渡る花嫁は、昭和59年当時18歳の島本佳子さん

瀬戸の花嫁に会う旅は、高松から始まった。

小豆島に向かうフェリーはゆっくりと進んだ。小豆島は岡山県と香川県の間の播磨灘にある瀬戸内海で2番目に大きい島（面積1万5300ヘクタール）で、昔は映画「二十四の瞳」、いまはオリーブ栽培で知られる。約1時間、フェリーは小豆島の西北部に位置する土庄町（人口約1万4000人）に着いた。夏の盛り、暑い日だった。

小柳ルミ子の『瀬戸の花嫁』（作詞山上路夫、作曲平尾昌晃。昭和47〈1972〉年発売、累計80万枚）は、「わたしの城下町」（昭和46年発売、134万枚）に続く大ヒット曲である。

作詞の山上路夫は島に嫁ぐ花嫁さんを実際に見て作詞したわけではなかった。尾道から四国へ渡る船から瀬戸内海を眺めて、ふと島へ嫁ぐ花嫁さんを想像したという説が有力である。この歌の当時、小柳ルミ子は20歳。「私、結婚なんかしない」というルミ子に、山上と平尾は、〝それなら歌の中でお嫁に行かせてやろう〟と、この曲を作ったといわれる。瀬戸内海の美しい島々は、ルミ子の嫁入りの舞台にちょうどよかったのだろう。

ところが〝瀬戸の花嫁〟は、実際に存在したのである。平成22年に放映されたNHKの番組「新日本風土記」には、〝消えゆく瀬戸の風物詩～島から島へのお嫁入り 瀬戸の花嫁〟と題し、小豆島から対岸の沖之島に渡し船で渡る花嫁さんが登場する。

私は旅に出る前に小豆島の土庄町役場の商工観光課の山口力也さん(44)に問い合わせた。山口さんは「実際に沖之島へ嫁いだ方がいますよ」という。そのお嫁さんに会ってみたいと思って土庄町へやってきたのである。

私は沖之島への渡船場がある小豆島の小江《おえ》に向かった。県道を20分ほど行くと、「渡船場」の看板があった。細い路地の向こうに海が見えた。海といっても対岸はすぐそこで、幅100㍍ほどの「海峡」である。渡し船は定員10人ほどの小さい船だった。ほんの2、3分で対岸の沖之島へ着いた。

沖之島は小豆島の西にちょこんと浮かぶ人口69人のほんとうに小さな島である。しーんと静かな午後だった。小さな波止場に小さな何隻かの漁船が係留されていた。

沖之島から瀬戸内海を南西に望む。右が葛島、沖に煙るのは豊島

昭和59（1984）年、18歳でこの島に嫁いだ島本佳子さん（53）の家は浜辺近くの狭い路地の奥にあった。

瀬戸内の島の女たちはみんなよく働く

「結婚式は暑くて大変だったのよ」

笑顔で迎えてくれた佳子さんは結婚式のビデオを見せてくれた。佳子さんはその頃、会社員。旦那さんの島本武志さん（59）とは友人の紹介で知り合って恋愛結婚となった。

「私の実家は小豆島の山のほう。海から遠くて、浜の暮らしは知らないの。魚なんかさばいたことがなかった私がここへ嫁に来たんです。島での新しい暮らしを考えると、少し不安でした」

小豆島の棚田が積み上がる福田地区に佳子さんの実家がある。

「結婚式は、まず私の実家に花婿さんが迎えに来て始まります。それから花婿さんは花嫁さんを沖之島の自分の実家へ連れて行ってご先祖様へ報告します」

それからまた小豆島へ帰り、神社で挙式。ご両家の親戚一同、会社関係、農業関係、漁業関係者らが列席する、しきたりどおりの結婚式だった。

かわいいお嫁さんの佳子さんと新郎の武志さんが立ち上がり、おごそかに三々九度。式の後、新郎新婦はもう一度渡し場へ。紋服姿の親族方も同じ渡し船に乗って新郎の家にご挨拶。この場面がまさに『瀬戸の花嫁』なのだった。白無垢《しろむく》の花嫁さんは介添え役に手をとられて初々しくも恥ずかしげに沖之島の土を踏んだ。

沖之島の住民は総出で花嫁さんを迎えた。「嫁とり」は昔から島のお祭りのようなものである。

その後、披露宴でまた小豆島へ。出席者150人ほどの大披露宴で佳子さんはウエディングドレス、赤いドレス、振り袖と3回のお色直しをした。

結婚した、という実感は三々九度のときですか、と私が尋ねると、

「いいえ、全部終わって、岡山へ行く高速船が土庄港を離れたとき。やれやれ、やっと終わった、これから二人きりで新婚旅行、と思ってほっとしたときです」

と昨日のことのように佳子さんは笑顔で答えた。

嫁ぐ日の花嫁の不安と覚悟を やさしく見守る瀬戸内の海

佳子さんはすぐに小型船舶の免許をとった。買い物や仕事に船は欠かせないからだ。役場勤め、ヘルパーやケアマネジャーの資格をとり、佳子さんはよく働いて3人の子を育てた。

姑《しゅうとめ》の昭子さん(84)も小豆島から嫁に来た人だった。家の奥から出てきた昭子さんは「あはは、私は島流し」と笑う。昭子さんもよく働いた。昭子さんは夫が銛《もり》突き漁に出る船に乗り「梶子《かじこ》」という仕事をした時期があった。速い潮流の海で、船を一定の場所に止めておくために櫓《ろ》をこぎ続ける「梶子」は骨のきしむような重労働である。

辛いことがあった夜、沖之島の嫁は海にさえぎられて実家に逃げ帰るわけにもいかず、浜辺で声を殺して泣いたという。

渡し船の船頭、島本博幸さん(69)は沖之島を「皆が皆を見守っている島」という。

豊島《てしま》公民館勤務の道下《みちした》学さん(38)は土庄町の人情について「礼儀と習慣がしっかり残っています。町内の自治会は祭りなどの行事では昔ながらに力を発揮しますよ」と語る。

沖ノ島、豊島、そして小豆島も、人情の濃い島である。

写真を撮るので佳子さんに渡し場へ出てもらった。夫の武志さんは写真嫌い。二人の写真を撮ろうとした私の狙いを察したらしく、ぴゅっと消えた。

佳子さんは渡し船を見た。

小江の渡船場。向かいに見える沖之島まで約2分、定員は約10人ほど。小江発18時が最終便

上 島本佳子さん。編み物を教えている。頭にその「作品」を着けて 下 島本博幸さん。「地元のために」と志願して船頭さんになった

「ときどき、ああ、私はこの渡し船でお嫁に来たのだったな、と思うことがあるんですよ」と語った。暮らしを愛おしむ堂々とした主婦の顔だった。

平成29（2017）年7月、作曲の平尾昌晃が亡くなったとき、告別式で小柳ルミ子は号泣した。参列した歌手ら、五木ひろし、布施明、細川たかしほか40人がルミ子を囲んで『瀬戸の花嫁』を合唱した。

発売から50年余りたっても、この歌が色あせないのは、夫とこれから暮らしていく覚悟、二人で家庭を築いていこうという不安と決意の入り混じった思いが素朴に描かれているからだろう。

土庄港から夕日を見た。この歌の背景、瀬戸内海のおぼろな夕日が美しかった。

旅のメモ

交 高松港からフェリー1時間の土庄港下船、土庄港からバス20分の小江下車など

問 土庄町商工観光課 ☎0879・62・7004

月刊「旅行読売」2019年10月号掲載

【昭和39年】

●作曲・古関裕而（1909〜1989）
●陸上自衛隊中央音楽隊

オリンピック・マーチ

歌の舞台
福島県
福島市

作曲家・古関裕而《こせきゆうじ》の足跡を出生地福島に訪ねる

戦前戦後と、歌謡史に輝く数々の傑作を作曲した古関裕而。彼の曲はなぜ幅広く受け入れられたのか。その秘密が出生地福島に語り継がれていた。

東京五輪・開会式でオリンピック・マーチが演奏される中、入場する日本選手団（写真／読売新聞社）

来春４月から放映されるＮＨＫ朝の連続テレビ小説は、古関裕而とその妻金子《きんこ》をモデルにした「エール」に決まった。

『オリンピック・マーチ』を作曲した古関裕而が、今、懐かしさをこめて回想されるのは当然かもしれない。

古関裕而の曲はいつも時代の中心に座っているかのように見える。たとえばＮＨＫのスポーツ実況番組は今も古関裕而作曲のテーマ曲で始まる。戦後すぐ、子どもたちが夢中になった連続ラジオドラマ「さくらんぼ大将」、空前の人気で放送時間には銭湯の女湯がガラガラに空いたと言われる「君の名は」の主題歌、「今週の明星」「歌の広場」「ひるのいこい」などのテーマ曲はすべて古関裕而の作曲だった。高校野球の『栄冠は君に輝く』の作曲者名を見て、あ、これも古関裕而だったのかと驚く若い人も多いだろう。

それだけではない。古関裕而は競い合う立場の、その両者の曲を作った。

読売巨人軍の歌『闘魂こめて』と阪神タイガースの歌『六甲颪《おろし》』は古関の曲である。

早稲田大学の応援歌『紺碧の空』と慶應義塾大学応援歌『我ぞ覇者』、その両者が歌う『花の早慶戦』も書いた。

古関裕而の曲を聞き「ああいう歌がいい」という注文が来ると、いつも断らずに書いたという。

戦前には軍歌や戦時歌謡曲もたくさん書いた。その中でも東京日日新聞社ほかの注文で書いた『露営の歌』(昭和12〈1937〉年)は、戦時歌謡としては最大級の売り上げ60万枚だった。

戦後になってから古関裕而のこの活躍ぶりを軍国主義に同調した作曲家と呼ぶ声も出たが、福島商業学校の後輩で「古関裕而物語」(歴史春秋出版、平成12年)を書いた齋藤秀隆さん(77)は、首をひねり「朴訥《ぼくとつ》ではにかみ屋だった古関さんは注文を断りきれなかったのでしょう」と語る。


戦後には平和を願う名曲『長崎の鐘』(昭和24年)を書いた。『露営の歌』と『長崎の鐘』、つまり戦争と平和の真ん中に作曲家古関裕而がたたずんでいるかのようだ。その心情を知りたいと思って出生地の福島市を訪れた。

現代の「オタク」みたいな天才音楽少年だった

福島市街の東を阿武隈《あぶくま》川が流れている。阿武隈川に架かる松齢橋《しょうれい》に私は立った。曇り空。上流に降った大雨で阿武隈川は満々とした水量だった。

明治42(1909)年、古関裕而(本名勇治)は福島市大町の呉服商「喜多三《きたさん》」の長男として生まれる。当時「喜多三」は絹景気で湧く福島市の大きな呉服商だった。同市大町には古関裕而生誕の地記念碑が立つ。古関は福島師範学校附属小学校へ入学。師範学校は私の立つ松齢橋の北詰めにあった。私が眺めている阿武隈川の風景が古関裕而の原風景である。生家から子どもの足で20分ほどか。古関裕而はこの河原で遊び何不自由なく育った。

しかし、一風変わった少年だった。今風にいえば「オタク」のようなところがあったと、福島民友新聞社文化部長鈴木博幸さん(56)が語る。

「ご遺族に取材した話では、長男が生まれたとき、オルゴール付きの玩具を分解して、その仕組みを突き止めると自分の曲が鳴るように改造したそうです。そういう一種奇妙な凝り性の人です」

生家は金持ちだった。当時は珍しい蓄音機から歌謡曲や吹奏楽、何かの音曲がいつも流れて、少年

上古関裕而の後輩齋藤秀隆さん 下福島民友新聞文化部長鈴木博幸さん

は音楽に親しむ。

ただの音楽好きではなく、レコードから採譜し、楽譜を取り寄せて読みこなすようになり、ハーモニカを吹き、福島のハーモニカ楽団では作曲、編曲、指揮をした。独学で譜面を読み書きし、音を頭のなかで再現するのは、並みの才能ではない。地元の音楽好きが開いたレコードコンサートで、リムスキー・コルサコフ、ドビュッシー、ストラビンスキーなどに感動する。数学が不得手で、福島商業学校を1年留年している。

「昔の福島商業学校は地元経済を担う商家の子息がほとんど全員入る秀才校でした。しかし、家業を継ぎたくない裕而は馴染めなかったのでしょう」(前出鈴木さん)。

「古関裕而という人は天才的才能を血のにじむ努力で磨きました。先輩にああいう天才がいたというのが我々後輩の誉れです」と齋藤さんは言う。

18歳になった古関裕而は、英語の文献を読んで

ロンドンのチェスター楽譜出版社が募集したコンクールにはるばる応募して2等に入選する。舞踊組曲『竹取物語』だった。が、この曲は現存していない。この頃の古関裕而は交響詩、弦楽四重奏、ピアノ協奏曲など膨大な作曲をしているという。が、これらはすべて現存していない。なぜだろうか。若い頃の作品散逸の理由について古関裕而の自伝「鐘よ鳴り響け」(主婦の友社、昭和55年)は触れていない。この時期の作品が現存していれば、古関裕而像はまったく違うものになるのだが。

日本人の心の奥のメロディーを求めて

コンクール入選の新聞記事を読んで熱烈なファンレターを送った内山金子と結婚。裕而20歳、金子19歳。

前後して生家の経営が傾いた。二人に生活費の問題が持ち上がり、昭和5(1930)年、師と仰ぐ

作曲する際に使っていた書斎を再現した福島市古関裕而記念館の記念室。館内には自筆の楽譜、水彩画なども展示されている

作曲家山田耕筰の推薦でコロムビアレコードの専属作曲家になる。

古関の最初のヒット曲は26歳のときの『船頭可愛や』(歌・音丸。昭和10年)だった。私はこの曲を聞いて驚いた。お座敷唄である。大衆の好む音楽に身を尽くす覚悟の一曲とも受け取れる。

古関裕而は大衆の心の奥の喜びや哀しみを表現する覚悟で作曲家人生を歩んだのであろう。

その後の膨大な作曲数について、とてもこの紙数では書くことができない。

福島市は昭和54(1979)年、古関裕而を名誉市民第1号とした。同63(1988)年に福島市古関裕而記念館が創立された。館長石川英也さん(61)は展示室2階に再現した古関裕而の書斎を案内して「古関さんは作曲中に楽器を使わないのです。頭の中で鳴っているメロディーを即座に譜面に書いたといいます」と語る。

畳に和室用のテーブルが三つ並んでいた。違う曲を同時進行するとき、テーブルを移動したという。古関裕而の影絵をそこに見るような仕事場だった。

古関裕而は言葉の表面ではなく、その奥に潜む心のメロディーを表現したと私は思った。『露営の歌』も『長崎の鐘』も心の奥では日本人の心情に溶け合って、分けることができない。『オリンピック・マーチ』は、オリンピック開催を迎えた日本人の喜びを行進曲にした。

心の奥にはその時代を投影した心情がある。それを表現する古関裕而が時代の中心にあるかのように見えているのは当然だった。

福島駅新幹線ホームの発車チャイムは『栄冠は君に輝く』だった。私はそれを聞きながら帰路についた。

旅のメモ

交 東北新幹線福島駅下車など

問 福島市古関裕而記念館 ☎024・531・3012

月刊「旅行読売」2019年11月号掲載

【昭和50年】小林旭

昔の名前で出ています

京都にいるときゃ　忍と呼ばれたの
神戸じゃ渚と　名乗ったの
横浜《はま》の酒場に　戻ったその日から
あなたがさがして　くれるの待つわ
昔の名前で　出ています

歌の舞台
神奈川県
横浜市

酒場の女が抱く男の面影悲し

恋人の思い出を胸に、名前を変え、西へ流れた女が、横浜《はま》の酒場に帰ってきた。彼女はどこにいるのだろうか。面影を探しながら横浜の酒場街を歩く。

港の見える丘公園から横浜ベイブリッジを望む

小林旭がしみじみと歌う『昔の名前で出ています』(作詞星野哲郎、作曲叶弦大、昭和50(1975)年は、発売後しばらくは売れなかった。

このとき小林旭は37歳。映画界は長い不況で、かつてのマイトガイ小林旭は東映に移籍し、深作欣二監督のシリーズ映画「仁義なき戦い」などへ出演していた。とはいえ、日活時代のような主演映画ではなかった。また、小林はテレビドラマ制作などの事業で14億円の借金を抱えていた。

借金返済のために地方のキャバレーにも出演し、小林旭は『昔の名前で出ています』を歌い続けた。その歌声は、昔の名前で出ているのが小林旭本人ではないかと思えるほど切々として胸を打った。

地方回りの努力もあってか、やがて同曲は売れ出した。ロングセラーとなり、ついには累計270万枚という大ヒット曲になる。発売2年後、小林旭はこの曲によってNHK紅白歌合戦に出場した。

歌詞によると女は横浜育ちらしい。横浜、京都、神戸の店を転々と生きてきた「流れの女」だった。どこか寂しく、もう若くはない女が「横浜《はま》の酒場」に戻り、昔の名前で出ている。そう、この歌は横浜の歌だったのだ。

昔の名前は「ひろみ」という。が、本名ではなさそうだ。酔っ払いが騒ぐ酒場にどこかしら不似合いな、だが、やさしく気弱そうな女。この歌を聞いて男たちは昔の恋人を思い浮かべるかもしれない。酒場の女ではなく、若い頃の想い出の女かもしれない。しかし、どんな女だろうか。ロマンチックに、幻の女の面影を想像してみる。

横浜ほど歌謡曲になった街はない。『よこはまたそがれ』、『伊勢佐木町ブルース』、『恋人も濡れる街角』……横浜を舞台にした曲は100曲以上もある。夜霧の波止場、霧笛、横浜港には独特の詩情がたたえられていると私は思う。

ひろみの居そうな酒場を探し、横浜の詩情を訪ねて歩こう。そう思って私はこの街に来た。

出逢いと別れの港に冷たい涙雨が降る

横浜の飲み屋街は港に向かって東に流れる大岡川に沿って続く。桜木町駅の西に野毛《のげ》、その南西に伊勢佐木町が広がる。

関内駅から西へ。いわば港から遠ざかるにつれて夜の歓楽街が深みを増していくようだ。

終戦直後には焼け残った建物と特定地域が米軍に接収された。山下公園は金網で囲まれて米軍のカマボコ型兵舎が建ち並び、日本人は立ち入り禁止だった。

その頃のようすを知りたいと思って私は藤木企画株式会社会長藤木幸夫さん(89)を取材した。横浜について聞くには、この人をおいてほかにない。

「横浜は日活映画などの舞台になって危険な港町というイメージが誇張されました。それは映画だけの話。実際はまじめに働く港湾労働者が港運業を支え、それが横浜市の発展を支えてきたのです。山下ふ頭などは港運の拠点であり、横浜のキモなんです。港運人であることは私の誇りです」

と藤木さんは語る。藤木さんは横浜のドンといわれる。横浜港運協会会長、横浜スタジアム取締役

関内駅近くの伊勢佐木町商店街入り口

会長、横浜エフエム社長、そのほか藤木グループ2社の会長も勤める。

昔は港湾労働者を沖仲仕《おきなかし》といった。街の通称では、日雇いの沖仲仕たちを風太郎(プータロウ)と呼んだ。どこからともなく風のように仕事に集まり、仕事が無ければ風のように消えるからである。

先代社長藤木幸太郎(幸夫氏の父)は、素早く荷揚げ作業をさばき「藤木の早荷」と言われた。幸夫さんは家業を継ぎ、父親の精神も引き継いで港湾労働者の待遇改善、福利厚生に尽力した。

「差別といわざるを得ませんね。港湾労働者たちを一段低い連中と見るのが世間でしたよ。偏見です。父は日雇い沖仲仕の賃金は一人前の独身男がちゃんと食って、飲んで、女遊びをしても大丈夫なぐらいは払えと言っていました」

沖の大型船から荷を艀《はしけ》に積み替えて岸壁に揚げる仕事のほとんどは徹夜仕事だった。徹夜明けの朝、男たちは港に近い野毛で飲んだ。夜、懐に余

裕があれば中華街や伊勢佐木町あたりに足を延ばした。バーには女たちがぞろぞろといた。

「私などは中華街のバーで飲んだものです」と藤木さんは目を細めて続けた。「私にとっての横浜の詩情は、外国船を見送って波止場に立ち尽くす女でしょうか。夜の波止場に女の涙雨が降る、これこそが横浜のたたえる詩情ですよ」

ドンはしんみりと言った。

想像のひろみは年をとらない時だけが流れ行く

私は京急線日之出町駅から南へ、繁華街伊勢佐木町に向かった。

協同組合伊勢佐木町商店街宣伝副委員長の林博さん(72)に会った。伊勢佐木町育ちだという。

「ここは開港時代からの庶民の街です。伊勢佐木町の南の真金町《まがね》に昔は遊郭がありました。芝居小屋もあって、繁華街の条件がそろい、庶民に親しまれた街です」

林さんに『昔の名前で出ています』の主人公の女がこの辺りの酒場で働くことはあるだろうか、その可能性について尋ねた。質問がぼんやりしているのは想像の事だから仕方がなかった。

林さんは少し考え、半世紀も続いている酒場がある、と教えてくれた。

上アポロのカウンターで飲む林博さん(左)とマスターの石原清司さん
下藤木幸夫さん。横浜の歴史を見続けてきた

そのパブ・レストランは「アポロ」という。住所は伊勢佐木町の隣の曙町だが、伊勢佐木町とは目と鼻の先だ。夕方7時、林さんと私はアポロのカウンターに座った。ゆとりのある店内。幅の広いゆったりしたカウンター。開店してすぐなので客は私たちだけ。プラターズの曲が流れている。カウンターのむこうに名前を書いた客のボトルが並んでいた。大半がオールドパーだ。安酒場ではない。

マスターの石原清司さん(81)はにこやかに私の質問に答えた。

「1970年代、ここらにはギリシャの船員たちが飲むギリシャ・バーが30軒もありました。女たちもたくさんいました。船員と港の女です。いろいろあったでしょうね」

石原さんの通称はチャンさん。18歳でギリシャバー「スパルタ」のボーイとして働き始めた。この界隈《かいわい》はまるでギリシャ街だった。どの店も混んでいた。やがてこのアポロを開いた。それから55年。

話が弾んでいるうちに一人、二人と客が増えた。

私はぼんやりとひろみについて想像した。

ひろみが店の仕事を終え、こんなカウンターで自分だけの酒を飲む夜もあっただろう。ふともれるため息。昔の名前で出ていても、あの人が来るはずはないと、知っている女のため息。ひろみの命と書いたボトル。カウンターの端にひろみの横顔が浮かんだような気がした。しばらく飲んで店を出た。いい酒だった。

翌日、港の見える丘から横浜港を見た。高速道路に隠れて横浜のキモ、山下ふ頭の半分も見えない。景色も時代によって変わっていく。ひろみが出ているような店は少なくなっているだろう。海が光っていた。

旅のメモ

交 京浜東北線関内駅、みなとみらい線日本大通り駅、京急線日ノ出町駅下車など

■月刊「旅行読売」2019年12月号掲載

【昭和56年】◉森 昌子

哀しみ本線日本海

入り江沿《づた》いに　灯りがゆれる
名前も知らない　北の町
凍りつく指に　息をかけ　旅の重さ　筆《ペン》をとる
綴《つづ》る便りを　あなた　あなた読んでくれますか
寒い　こころ　寒い　哀しみ本線　日本海

歌の舞台
山形県
鶴岡市

荒波が防波堤を打ちつける、日本海の港町を訪ねた

新潟から日本海沿いを鉄道で北へ。名前も知らない日本海沿岸の町、海鳴りのする駅で列車を降りた。日本海に生きる人々の暮らしを見に行く旅だった。

鼠ヶ関の弁天島先端から望む日本海の夕日。薄い島影は粟島

平成31(2019)年3月、森昌子は年内での芸能界引退を表明した。前年に還暦を迎え「好きなことに残りの時間を使いたい」というのがその理由である。

山口百恵、桜田淳子らとの「花の中三トリオ」のうち、最後に残った森昌子は森進一との結婚で一度引退し、離婚して芸能界復帰、そして二度目の引退。「ご苦労さまでした」とうなずける引退かもしれない。

9月、私は年末まで続く彼女の引退コンサートを都内のホールで観た。約1500の客席は満席。第一部の軽妙なコントで笑わされ、第二部の歌謡ショーでは、歌唱に魅せられた。

とりわけ胸にしみたのが『哀しみ本線日本海』(作詞・荒木とよひさ、作曲・浜圭介)だった。発売された昭和56(1981)年、森昌子はこの曲で、初めてNHK紅白歌合戦の紅組のトリをとった。23歳、デビュー10年目だった。

それから40年近い月日が流れ、当時に比べて歌い方に年輪がにじみ出ていた。『せんせい』でデビューした少女は、恋を失った哀しい女心を成熟した女の気持ちで歌った。

この曲は荒れる日本海の冬の風景、吠《ほ》える風と波を心象風景として表現している。歌詞に出てくる、寂しげな、名前も知らない北の町にも人々の暮らしがある。

私は日本海沿岸で営まれている暮らしを見たいと思った。

地図を見ても日本海本線という線区はない。だが、かつて大阪発青森行きの寝台特急日本海が走っていた。平成24(2012)年に廃止されたが、レコード発売の頃はまだ運行している。

歌詞のイメージはこの寝台特急日本海に違いない。大阪から敦賀へ、富山、新潟、秋田、青森と走る日本海側の寝台特急を、歌では『哀しみ本線日本海』としたのであろう。

風が吠える白浪が岩を噛《か》む

新幹線で新潟へ。羽越線を北へ行く秋田行き特急いなほに乗った。地図を見ると、日本海を間近に眺められるのは、村上駅から五十川《いらがわ》駅あたりまで。その区間で、漁港のある鼠《ねず》ヶ関《せき》駅を目指すことにした。私にとってはここが「名前も知らない北の町」ということになる。

左の車窓に日本海が青く続いた。府屋《ふや》駅で普通列車に乗り換え、午後3時少し前に山形県の鼠ヶ関駅に着いた。しーんとした無人駅だった。駅前に人影はない。軒下にぶら下がった干し柿が見えた。横に5列並んで縦に8個ほどが、風になぶられて揺れていた。

駅から5分ほどの民宿・咲《さき》に荷物を預けて漁港へ向かった。防波堤に囲まれた漁港には、底曳き船が10数隻停泊していた。西側の防波堤の高さは

15メートルほどもある。急な階段を上って防波堤の上に立った。西風にあおられて白く大きな波濤《はとう》が打ち寄せてくる。岩礁にぶち当たった浪が飛び散る。晴れているが、雲は東に流れる。まさしく日本海の荒波だった。

岬の下を巡る遊歩道が波をかぶって濡れていた。上って行くと無人の小さな灯台と小さな神社が並んで立っていた。風が強くなった。息をつめ、何度も灯台の根元にかくれて日没を待った。30メートルほど下の海面が泡立っていた。

10月末、しけ模様の天候でこうも猛《たけ》りたつ波である。城壁のように高い防波堤が冬の厳しさを物語っている。寒いっ。思わず声が出た。日没を眺め、早々に宿へ帰った。

翌朝は凪《なぎ》。漁協の事務所で底曳《び》き漁師の飯塚厚司さん(70)に会った。

10月から11月はハタハタ、マアジ、マダイ、ブリ、ホッケ、クロダイなどが旬の漁だという。飯塚さんの家は昔なら網元の家。飯塚さんはしばらく横浜方面へ勤めに出て結婚もした。その後に家の都合で底曳き船を継ぐことになった。

「しかしね、底曳き網漁というのは海底がどうなっているのか知らなければできない。30歳過ぎて戻ったおれは先輩に頼んで漁を覚えた。冬の日本海は辛い。ここらに養殖漁業がまったくないのは養殖の網が波浪でズタズタになるからだ。１月、２月の厳冬期は、まんず休漁だ」

10年で一人前になった飯塚さんだが、「漁の名人というのは、才能なんだろうなあ。その日の天気、潮目で判断してここではこれ、と魚種を当てる。おれでも一日の水揚げが１００万円なんて日もあるけれど、腕のいい漁師はいつでもよく獲って、年間何千万円の水揚げだ。かなわねえ。おれもそろそろ引退だべ」

腰を痛めて飯塚さんはこのところ船に乗っていない。

底曳き船が帰って来る あったかい笑顔が迎える

底曳き船は夜の9時に出航して翌日の夕方5時に帰って来る。船を待って港を歩く。漁港の近くに厳島《いつくしま》神社。その辺りを弁天島と言う。今は周りを埋め立てて陸続きだが、かつては島だったからだ。昨日私が風を避けた岬は弁天島の突端で小さな社《やしろ》は金毘羅《こんぴら》神社だった。

厳島神社の前に弁天茶屋という食堂と干物の店がある。店員は3人。佐藤福美さん(52)、五十嵐ゆりさん(60)、五十嵐きぬさん(70)。鼠ヶ関には佐藤と五十嵐の苗字が多いという。弁天茶屋は仲買人組合が経営していて「セリで負けると仕入れが滞るの」と佐藤さんは言う。

店頭に並ぶ干物は自家製。イカの一夜干し、カワハギ、ホッケ、ノドグロ、シャケも干してあった。佐藤さんは「冬のしけの日は家でじっとしているしかないのよ。しけだのう、と言ってね」と語った。

日が西に沈む。続々と底曳き船が帰って来た。波止場で水揚げ作業の人々が忙しく立ち働く。「あれは息子、あれは弟、操舵は亭主」というおばちゃんがいた。日に焼けた屈託のない笑顔がなんともあったかい。乗組員は一家の男たち3人である。前出の飯塚さんの船は三和丸15㌧。甘エビを満載して帰って来た。

市場の床に魚の箱が並ぶ。トラフグ、ミズダコ、タラ、ズワイガニ、サワラ、アマダイ、イナダ、ハタハタほか魚種は豊富。ここのセリは紙に書いた値札を箱に入れる。箱一つがセリの単位で、高級魚のノドグロは1箱3万6000円の高値が付いた。

こうした地元産の魚を食卓に載せるのが私の泊まった民宿・咲だった。主人の佐藤具視《ともみ》さん(63)は「うちの客は必ずまた来ます」と言う。神戸、大阪、京都で修業した本格派の佐藤さんの日本海料理はうまかった。

飯塚厚司さん「今日は久々の凪だよ」と話す

左弁天茶屋の3人。左から佐藤福美さん、五十嵐きぬさん、五十嵐ゆりさん　右水揚げされた魚。底引き網を入れた場所により、異なる魚種が獲れる

かつての寝台特急日本海の青森行はこの辺りを明け方に通過した。心が寒いと嘆く主人公も、どこか北の町で途中下車したかもしれない。私が出会ったような地元のおばちゃんに会ったろうか。

あの笑顔は誰の心も温める。あの顔で「泣くのはおやめ。そのうちまたいい男に出会うべよ。しけの海もやがてはきっと凪になるからね」とでも言われたかもしれない。

帰りの車窓から沈む夕日を見た。日本海の夕日は雲がいい。太平洋側では見られない水平線の夕映え。沈む太陽が雲を下から朱に染めていた。

鼠ヶ関は忘れられない港になった。

旅のメモ

交羽越線鼠ヶ関駅下車

■月刊「旅行読売」2020年1月号掲載

【昭和44年】◉森 進一

港町ブルース

流す涙で割る酒は
だました男の味がする
あなたの影を　ひきずりながら
港、宮古　釜石　気仙沼

歌の舞台
岩手県
釜石市

ブルースの歌声が、不屈の根性に響き合う

幕末から始まる製鉄の歴史、米海軍の艦砲射撃で溶鉱炉の火が消えても、さらに東日本大震災の被害を受けても、釜石は不撓《とう》不屈の闘志で立ち上がる。

釜石鵜住居復興スタジアム。釜石シーウェイブスと九州電力キューデンヴォルテクスの試合が始まる

森進一にとって『港町ブルース』(作詞・深津武志、補作詞・なかにし礼、作曲・猪俣公章)は特別な歌である。累計230万枚以上の売り上げは彼の最大のヒット。昭和44(1969)年、第20回NHK紅白歌合戦では2回目の出場で早くも白組のトリをとった。昭和50(1975)年、NHK放送開始50周年記念番組では昭和天皇・皇后両陛下の前でこの歌を熱唱した。森進一はこの曲で確固とした地位を歌謡界に築く。

『港町ブルース』は函館から始まり、宮古、釜石、気仙沼、焼津、高松、別府、長崎、枕崎と進み、鹿児島で終わる。

私は気仙沼生まれである。生まれた土地が歌謡曲の歌詞になるのはうれしかった。が、「港、宮古、釜石、気仙沼」と続く歌詞の釜石の部分に特別の思いがあった。

私にとっての釜石は製鉄の街ではなく、ラグビー日本選手権で7連覇を果たした新日鉄釜石ラグビー部の存在する釜石だった。いまこの街は釜石鵜住居《うのすまい》復興スタジアムで行われたラグビー・ワールドカップの試合などで話題を呼んでいるが、元々釜石はラグビーの街だったのだ。

『港町ブルース』が発売されたのと同じ昭和44（1969）年に、新日鉄釜石ラグビー部は日本選手権で準優勝に輝いた。レギュラーに東北北部の高校出身の選手が多く、気仙沼生まれの私は新日鉄釜石ラグビー部に特別の親近感を持った。秋田工業、宮古工業、能代工業、釜石工業などを母校とするほとんど無名の選手らは、猛牛のように敵を蹴散らして前進した。

私は毎年1月15日の日本選手権を見て連覇に狂喜した。昭和54年から始まった日本選手権7連覇はたまげた金字塔だった。東京で暮らす田舎者の私にとって、釜石のラグビーチームはわが誇りであった。私は酔っぱらって「港、宮古、釜石、気仙沼」と、そこだけを繰り返し歌った。気仙沼の生まれがこ

三陸鉄道リアス線の鵜住居駅

㊤坂下功正さん。日本製鉄棒線事業部釜石製鉄所勤務
㊦河東英宜さんは防災士の肩書も持つ

んなにうれしいことはなかった。私にとって『港町ブルース』は新日鉄釜石ラグビー部の応援歌だったのである。

その伝統を引き継いだ「釜石シーウェイブス」を釜石のスタジアムで見たいと思って釜石へ来たのである。

歯を食いしばって頑張る 釜石の雑草魂、ど根性

令和元(2019)年11月23日、午前10時、陽の光がまぶしい釜石鵜住居復興スタジアムには11時30分の試合開始なのにもう観客が集まりだした。後ろの山々に昔は海鵜《う》がたくさんいたので鵜住居という地名になったという。会場係員はボランティアの地元高校生たち。やがて「釜石シーウェイブス」がグラウンドに登場。メインスタンド背後の小高い山々に声援が反響した。

正面スタンドには7連覇時代からおなじみの大漁旗を振る応援団が陣取り、大声援を送る。紅葉の山々に、カーマイシ、カーマイシの声援がこだました。今日の対戦相手は「九州電力キューデンヴォルテクス」。試合は接戦、残念ながら19対26でシーウェイブスの負け。しかし、スタンドの熱気はすごかった。

その余韻のまま釜石駅前のラグビーカフェで、新日鉄釜石ラグビー部7連覇の2回目からのレギュラー、スクラムハーフ坂下功正さん(60)に会った。

スクラムハーフはスクラムなどから出たボールを主にスタンドオフにパスする。攻撃の最初のパス、展開の最初を作り出すパスなので、試合中は常にボールを追いかけて走る。坂下さんが語った。

「社会人チームは通常勤務を終えた夕方からの練習です。夕方5時すぎに集合してチームプレーの練習を2時間。その後は個人で練習する。もう限界、という練習でした。今年勝っても、連覇を目指せばそれ以上の練習が求められます。とにかく

きつかった。私は連覇の頃、ただひたすら走って体を作った」

身長165センチ、体重65キロの坂下さんは歯を食いしばって頑張った。出身は宮古工業高校である。

新日鉄釜石ラグビー部には明治大学出身のスタンドオフ松尾雄治らが加入し、いっそう洗練され、強くなった。坂下さんはその松尾に正確なパスを送った。

「松尾さんはよく練習しました。松尾さんを手本に、私たちも基本から高度なテクニックまで必死に練習しました」

記憶を探りながら坂下さんは「学生さんには負けたくなかった」と言う。

当時、日本選手権は学生選手権優勝チームと社会人選手権優勝チームとの対戦だった。社会人チームに比べれば学生チームは恵まれていた。社会人チームはハンデを背負っての練習だった。恵まれたエリートの学生チームに負けたくなかったのは、雑草魂、釜石のど根性、社会人の意地だったろう。

製鉄の伝統を支え 不撓不屈の精神を育んできた

釜石市の観光振興ビジョンの推進を担当する㈱かまいしDMCの取締役事業部長の河東英宜さん(51)は、ボランティアバスの運行など、災害復興の仕事も続けてきた。

「東日本大震災でも、釜石市鵜住居地区の学童生徒の99・7%は無事だったのです。普段の防災学習の効果です。釜石市は復興の足取りが早い。その取り組みを知ろうと、いまでは各地から教育関係者、行政関係者が視察にきています」

河東さんは釜石南高校卒。平成30年に東京の出版社勤めを辞め、釜石に帰郷してこの仕事に就いた。ふるさと復興のためとお見受けする。釜石の不屈の精神がこの人の胸にも熱く宿っている。

釜石市立鉄の歴史館の館長、佐々木育男さん

(58)は誇るでもなく語る。

「幕末から戦後復興までの製鉄の歴史が釜石の背骨です。津波被害からの復興を支えるのも釜石に脈打つ不撓不屈の精神です。何かあったとき、ピンチのときにはこの根性がむくむくと頭をもたげて困難に立ち向かうのです」

釜石の製鉄史は西方の山に良質の磁鉄鉱が出たことで始まる。これを原料に高炉製鉄を始めた南部藩の高炉跡は世界文化遺産に登録された。

近代日本の製鉄業を担った溶鉱炉は太平洋戦争末期に米海軍の艦砲射撃を受けて壊滅した。しかし、そこからの復興は戦後日本の土台を支えた。

平成元(1989)年、溶鉱炉の火は消えた。人口は最盛期の9万人から、3万人へと減少した。

そして東日本大震災の津波の被害である。しかし、釜石はへこたれない。シーウェイブスの試合には3000人以上の市民が集まり、カーマイシ、カーマイシの声を合わせて応援する。なにくその心意気だ。

三陸鉄道リアス線は津波の後、平成31年3月にやっと全線開通したが、今度は台風19号の被害で一部不通。だが、着々と復旧工事が進み、少しずつ運転を再開した。沿線住民は負けない。

想えば「宮古、釜石、気仙沼」とは津波被害が大きかった地域である。津波の後で聞く『港町ブルース』には鎮魂の響きがあるように私には聞こえる。

カーマイシ、カーマイシの声援と、宮古、釜石、気仙沼のブルースの歌声が混じりあう。二つの心の声に送られて私は釜石線の列車に乗って帰った。

旅のメモ

交 東北新幹線新花巻駅から釜石線約2時間の釜石駅下車など。釜石鵜住居復興スタジアムへは三陸鉄道鵜住居駅から徒歩5分。または、釜石駅からバス20分の鵜住居駅下車、徒歩5分

問 釜石観光総合案内所 ☎0193・22・5835

■月刊「旅行読売」2020年2月号掲載

【昭和54年】◉八代亜紀

舟唄

しみじみ飲めば　しみじみと　想い出だけが　行き過ぎる
涙がポロリと　こぼれたら　歌いだすのさ　舟唄を
沖の鴎に　深酒させてヨ
いとしあの娘《こ》とヨ　朝寝する　ダンチョネ

歌の舞台
神奈川県
三浦市

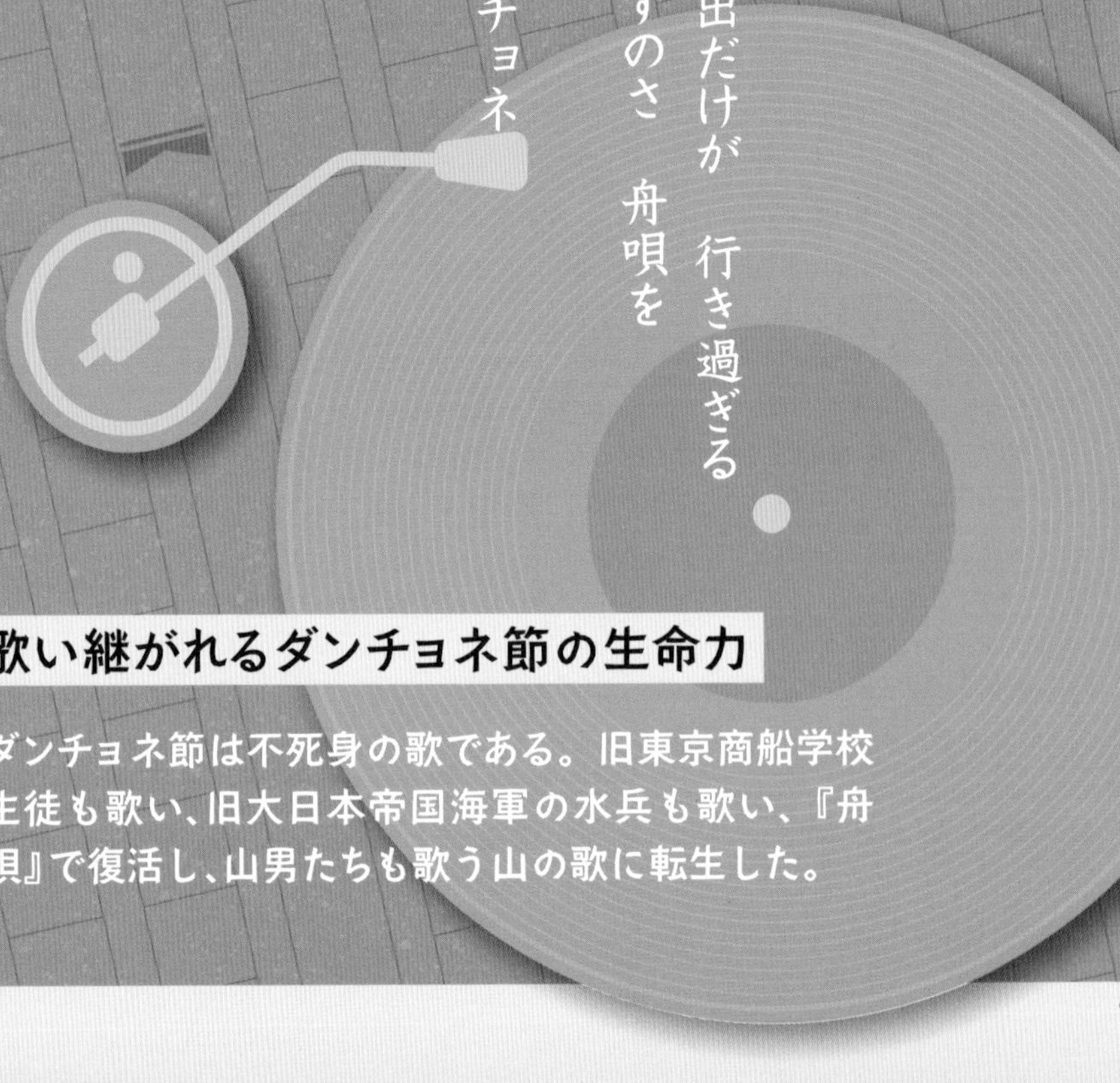

歌い継がれるダンチョネ節の生命力

ダンチョネ節は不死身の歌である。旧東京商船学校生徒も歌い、旧大日本帝国海軍の水兵も歌い、『舟唄』で復活し、山男たちも歌う山の歌に転生した。

夕日を浴びる三崎港

昭和54（1979）年発売の『舟唄』（作詞・阿久悠、作曲・浜圭介）は八代亜紀絶頂期の歌である。同年5月の発売直後はさほど売れなかったが、暮れまでに売り上げ40万枚以上となり、同曲はレコード大賞金賞を受賞。28歳の八代亜紀はNHK紅白歌合戦で大トリをとって、人気実力ともに歌謡界のトップに躍り出た。

『舟唄』の一番の歌詞の終わりの所、想い出酒に思わず涙をこぼして歌われる歌が、ダンチョネ節である。

このように民謡や俗謡を歌謡曲の中に引用するのを「本歌《ほんか》どり」という。『南国土佐を後にして』の『よさこい節』、民謡のソーラン節を引用した、こまどり姉妹の『ソーラン渡り鳥』、北島三郎の『風雪流れ旅』は『津軽あいや節』から掛け声が引用されている。

よく知られた民謡と歌謡曲とが二重に曲想を豊かにする「引用」の手法は歌謡曲の作曲でよく用い

られる。

それにしても『アキラのダンチョネ節』にも引用され、都はるみやちあきなおみも歌詞を変えてカバーするなど、ダンチョネ節は何度も歌われている。

若い頃に『アキラのダンチョネ節』を聞いた。それが20年近くたって『舟唄』の中で復活するとは並外れた生命力だ。

ダンチョネ節とはどういう唄なのか。私は『舟唄』を聞きながらいつも疑問に思っていた。

やがて、ダンチョネ節が神奈川県の民謡と知った。それも神奈川県三浦半島の突端、三浦市三崎《みさき》港の歌だという。三浦市はダンチョネ節をわが市の歌と認定し、毎年6月に「三崎甚句《じんく》・ダンチョネ節コンクール全国大会」を催していた。どうやら「ダンチョネ節」は、スケールの大きな民謡らしいのである。

私はダンチョネ節の正体を知りたいと思って三浦市三崎港へ向かった。

ダンチョネ節と三崎甚句は双子の兄弟らしい

三浦市教育委員会「文化スポーツ課」の嘱託・飯島重一さん(70)は元市役所職員。「三崎甚句・ダンチョネ節全国コンクール」実行委員会の事務局員を長く務めた。

「私は世話役でした。ちょうど三崎港に市民ホールができて、それを会場に使って地元民謡のコンクールをしようという声が起きましてね。八代亜紀の『舟唄』が流行してダンチョネ節が知られたのも気運の一つです。同じ地元民謡の三崎甚句のコンクールも一緒にやれば三崎港は盛り上がる、というわけです」

平成13(2001)年から平成26(2014)年まで14回の開催で、残念ながらコンクールは閉幕した。「あと1回で15回になる、そこまではやろうとしたのですが」、止めざるを得なかったのは推進役だった民謡の師匠・轟清慶《とどろきせいけい》さん（女性、本名・清子）が亡くなったことが主な理由だった。コンクール推進役の轟さんは地元の民謡愛好家を束ねる実力者だった。轟さんに「あなた出なさいよ」と言われて断り切れない人も出場して、毎年１００人以上が参加し、会場も盛況だった。

三崎港のうらりマルシェにはマグロのサクが並ぶ

左出口久江さん。１級小型船舶操縦士の免許を持つ　右磯部進さん。一本釣りでは八丈島沖まで出漁した

常連出場の出口久江さん（85）は、優勝経験者である。

「私はダンチョネ節と三崎甚句の二つの部門に出ましたよ。胸を張って言葉をはっきり発音し、元気を込めて歌うのは気持ちが良かったねえ」

出場者にはプロの民謡歌手もいた。民謡の師匠もいた。プロは優勝して、その賞状を掲げれば権威となり、師匠は弟子も増えるから真剣勝負だった。

それに混じって唄が楽しみのおじいちゃん、おばあちゃん、地元の娘さん、子どもたちも出る。そこでプロとアマチュアと分けて審査した。商品は三崎港らしくマグロのサク（長方形の切り身）を用意した。５キロほどのトロのサク。これが欲しい人もこぞって出場した。

「歌う前は緊張して、歌い終わるとほっとする素人さん。私はその笑顔が見たくて事務局を続けたようなものです」

と飯島さんは言う。全国大会と銘打っているが、ほとんど地元三浦市の人々の和やかなコンクールだったようである。

が、三崎甚句の歌詞にダンチョネ節の秘密が顔をのぞかせていた。三崎甚句の二番の歌詞に「三浦三崎にどんと打つ波は可愛いお方の度胸《どきょう》定め」とある。これはダンチョネ節の一番の出だしと同じなのである。三崎甚句の「度胸定め」がダンチョネ節では「度胸試し」となる。この二つの民謡は双子かもしれない。

ダンチョネ節の輪廻《りんね》転生
染みわたり広がる舟唄

江戸時代、太平洋の荒波を城ヶ島が防ぐ三崎港は廻船《かいせん》が江戸湾へ入る絶好の風待ち港だった。水《か》夫《こ》たちは各地の甚句を運び、三崎港に落ち着くと三崎甚句になり、もう一つはダンチョネ節になったという説がある。

いや、ダンチョネ節は明治33(1900)年、旧東京高等商船学校の練習船月島丸が遭難し、船長以下実習生全員が行方不明になった海難事故を悼んで歌ったのが最初という説も有力である。歌詞はどの伝説でも詠み人知らずだ。

〽惚《ほ》れちゃいけない商船校の生徒にサ
　末は波止場の泣き別れ　ダンチョネー

遭難した実習生たちを哀れむ「断腸の思い」がダンチョネーの元になったという説もある。その唄がいつの頃からか旧大日本帝国海軍にも運ばれて『海軍小唄』になったともいう。

〽タマは飛び来るマストは折れる
　ここが命の捨てどころ　ダンチョネー

いや、もともとは三崎港のお座敷唄でマグロ漁船の出航のときに乗組員の気合を入れる宴会で歌われたともいう。

〽明日はお発《た》ちかお名残り惜しや
　雨の十日もサ降ればよい　ダンチョネー

三崎港の一本釣り漁師・磯部進さん(81)は三崎

港のにぎわいを思い出す。

「昔のマグロ船は300トンクラス。乗組員は26人から28人まで。出航のときには宴会をやって乗組員を励ました」

宴会には芸者衆も呼ばれた。その宴会でダンチョネ節が歌われたともいう。

〽泣いてくれるな出船の時によ
泣けばホイルが手につかぬ　ダンチョネー

前出の飯島さんはダンチョネ節について調べるうちに、ダンチョネ節が山の歌になっていたことに驚いた。

〽ザイル結んで氷の尾根でヨ　仰ぐ剣《つるぎ》のね
薄化粧　よかね

掛け声の「ダンチョネー」は「よかね」に変わっている。これは早稲田大学山岳部で歌われている『剣の唄』である。「剣」とは北アルプスの剣岳のことだ。

歌は生き物である。人々が歌い継いで運ばれ、そこに落ち着くと、また変身して輪廻転生する。

転生するダンチョネ節が醸し出す風情が、『舟唄』に独特の味わいを増している。

この歌は民衆が歌い続けた民謡のダンチョネ節に背中を押されてヒットにつながった、とも言えそうだ。

そうならば『舟唄』は、三崎港の民衆と八代亜紀の合作と推測できそうである。

『舟唄』では、酒の肴《さかな》はあぶったイカである。が、私はコンクールの優勝者の出口久江さんからイカの塩辛の瓶詰を三つももらった。帰ったらこいつで一杯やることにしよう。

三浦三崎の名物はマグロのほかに塩辛も、いいね
ほろ酔い　ダンチョネー

旅のメモ

交 京急久里浜線三崎口駅から京浜急行バスで約15分の三崎港下車など

問 三浦市観光協会　☎046・888・0588

■月刊「旅行読売」2020年3月号掲載

【昭和30年】◉春日八郎

別れの一本杉

泣けた　泣けた
こらえ切れずに　泣けたっけ
あの娘《こ》と別れた　哀《かな》しさに
山の懸巣《かけす》も　啼《な》いていた
一本杉の　石の地蔵さんのヨー　村はずれ

歌の舞台
福島県 会津坂下《ばんげ》町
茨城県 笠間市など

村はずれの一本杉の別れに泣いた

かつては日本中のどの村にも一本杉や一本松など、道標《みちしるべ》になるような大木が立っていた。村を出る男の涙と見送る娘の涙が、一本杉の根元を濡らした。

平成7年設立の会津坂下町の春日八郎記念公園。杉の木はそのとき植樹された

『別れの一本杉』(作詞・高野公男、作曲・船村徹)は昭和30(1955)年の発売当時50万枚以上の売り上げを記録した。

地方から東京などの大都市へ働きに出る心情を歌ったこの曲は、いまだに親しまれる懐メロの名曲である。こぶし回しの巧みな、のびのある高い声で歌う春日八郎は、村の男と娘の悲しい別れをくっきりと描き出した。

その前年に春日八郎は『お富さん』の大ヒットでキングレコードの有望新人となっていた。しかし、その後1年間これといったヒット曲がなく、焦りを感じていた頃にこの曲と出会う(自叙伝「ふたりの坂道」より)。

まだ無名だった作曲家船村徹が春日八郎に自作を聴いてもらおうと頭を下げてお願いし、キングレコード本社(東京都文京区)近くの護国寺の境内でギターを弾きながら歌った。このとき作詞した親友の高野公男は結核で国立水戸病院に入院している。ストレプトマイシンなど結核の特効薬は高価で、貧しい船村には買えなかった。何としても治療費を稼ぎたい。作詞、作曲の二人にとってこの曲は必死の願い、生きる希望だった。

船村の思いのこもったメロディーが春日八郎を揺さぶった。歌詞は春日八郎の故郷である福島県会津坂下を思い出させた。

「この曲は自分の心をそのままに歌える。これは私の歌だ」と春日八郎自身が会社の上層部に提案。こうして戦後歌謡曲の記念碑的名作『別れの一本杉』が誕生した。その後推定で120万枚以上を売り上げ、春日八郎の代表曲の一つになる。

その後、神武景気、岩戸景気、いざなぎ景気と、短い不景気を挟みながら経済が拡大していく。そのたびに村から働きに出る若者たちが増えていった。

それとともに『別れの一本杉』は村を出る人々が故郷を想う歌となって愛された。作詞、作曲、歌の三人が地方出身の「田舎者」だった。いったいどんな村なのだろうか。私はこの三人の故郷の村を見たいと思って旅に出た。

やっと売れ始めた矢先に作詞の高野公男が亡くなった

作詞の高野公男(本名・吉郎。昭和5(1930)年生まれ。昭和31年没、享年26)は茨城県の笠間市大郷戸《おおごと》である。

私は宇都宮線小山駅で水戸線へ乗り換え、笠間駅の一つ手前、稲田駅で降りて野道を歩いた。低い丘陵の奥、一本の沢筋に開けた田んぼの奥が生家のあった所だった。田んぼしかない風景。付近に花崗岩《かこうがん》を産出する山がある。地場産業は石材の産出だけのようだった。

高野は工業高校に進学した後、東洋音楽学校(現・東京音楽大学)の声楽科へ入学する。ここでピアノ科の船村徹と出会う。「お前の訛《なま》りは栃木弁だっぺ」と茨城弁丸出しの高野が声をかけた。

田舎者同士の二人は親友になった(船村徹自伝「歌は心でうたうもの」)。有名になって金を稼ぎたいと思う若い野心がさらに二人を結び付けた。二人とも貧しい音楽学生で、アルバイトに明け暮れた。

キャバレーのボーイをしていた高野は客の飲み残しの酒をきれいなバケツに何でも混ぜて加え、下宿に持ち帰ると「さあ、飲もう」と船村にいう。「不気味なバケツカクテルを二人して飲んだ」と船村は書く。二人とも大酒飲みだった。

高野の歌詞に船村が曲をつけた作品は増えた。が、どのレコード会社も相手にしてくれなかった。茨城弁の歌詞に、栃木訛りのメロディーをつければ必ず受けるっぺ、と二人は煎餅《せんべい》ぶとんにくるまって語り明かし、確信し、励まし合った。

『別れの一本杉』が発売される前年から高野の病は進行していた。やがて、ラジオから曲が流れ始めた。船村、高野はコロムビアレコードの専属作曲家、作詞家になった。

大郷戸の道端に立つ『別れの一本杉』の歌碑

加えて、無名時代にキングレコードに売却していた『あの娘が泣いてる波止場』が三橋美智也の歌で180万枚の大ヒットになる。二人は黄金コンビの作曲家、作詞家になった。しかし、その年の9月8日、高野は亡くなった。

「高野がいない。どこを探してもいない。どうやって生きていったらいいのかわからなくなっていた」

と船村は書く。売れ始めたというのに頼りにしていた年上の相棒が死ぬ。船村徹24歳、悲痛な慟《どう》哭《こく》だった。

笠間市大郷戸の道端に平成15(2003)年に地元有志によって建立された歌碑がある。

「公男の歌魂よ、とこしえにふる里の山裾にねむれ」と船村は書き添えている。

春日八郎の故郷、会津坂下町 村はずれに一本杉があった

春日八郎の出身地は会津盆地の西端に位置する会津坂下町である。春日八郎記念公園が会津坂下町の田んぼの真ん中にあった。

まるで「神木」のように立つ一本杉を見上げた。昔、ここは八幡《はちまん》村と若宮村の村境だったという。まさに村はずれの一本杉である。この風景のなかで春日八郎は育った。

会津坂下町教育委員会社会文化班、中央公民館長の田部嘉之さん(57)は「自分の卒業した八幡小学校にグランドピアノを寄付したり、春日さんは故郷への思いが深い人です」と語る。

春日八郎(平成3年没、享年67)は、大正13(19

上 二瓶タミイさん。父からよく春日八郎の思い出話を聞いた 下 加藤加代子さん。記念館のある道の駅日光の駅長でもある

24）年生まれ。昭和19（1944）年、東洋音楽学校を卒業後、すぐ陸軍に召集された。復員後故郷へ帰り、運送関係の仕事をした。その頃の春日八郎を父親が知っていたという二瓶《にへい》タミイさん（64）に会った。

「春日八郎はおれの親友だぞ、と父は威張って『お富さん』を歌うの。私を膝にのせて毎晩酒臭い息で歌うからあの歌が嫌いになっちゃった」

昭和23（1948）年、春日はキングレコードの歌謡コンクールに合格して歌手生活に入り、輝かしい足跡を残す。

私は船村徹の故郷も訪ねた。船村徹記念館が栃木県日光市の道の駅日光の中にある。

館長の加藤加代子さん（54）は設立当時の船村徹の表情を思い出し「館内を見ても無言でしたね。記念館なんてものは本人が死んでから建てるものだぜ、なんて言ってましたが、照れていて、うれしそうに見えました」と回想する。

加藤さんの案内で船村徹の出身地塩谷町船生《ふにゅう》を訪れた。日光市の北東、鬼怒川に近い。子どもの頃、船村徹は鬼怒川で遊ぶやんちゃ坊主だった。

三人三様の田舎を見た。高野は早逝《そうせい》したが、三人とも成功した。

『別れの一本杉』が流れた後、日本は高度経済成長期に入る。集団就職など、地方の若者は続々と大都会に就職した。都会に憧れる若者たちのエネルギーが経済を引っ張ったと言える。

『別れの一本杉』は、村に後ろ髪を引かれながら都会に出た無数の若者たちの気持ちを歌ったがゆえにヒットしたのである。

旅のメモ

交 春日八郎記念公園へは只見線会津坂下駅下車、大郷戸の『別れの一本杉』歌碑へは水戸線稲田駅下車、船村徹記念館へは日光線今市駅下車

月刊「旅行読売」2020年4月号掲載

著者プロフィール

橋本克彦（はしもとかつひこ）

1945年宮城県気仙沼市生まれ。雑誌記者を経てノンフィクション作家に。84年「線路工手の歌が聞えた」(宝島社)で第15回大宅壮一ノンフィクション賞受賞。90年「日本鉄道物語」(講談社)で交通図書賞受賞。「森に訊け」(講談社)ほか自然環境取材で世界を一周。「農が壊れる」(同)では日本列島を縦断取材。「バリケードを吹きぬけた風」(朝日新聞社)、「欲望の迷宮」(時事通信社)、「うまいものつくる人々」(家の光協会)、「団塊の肖像」(NHKブックス)など、著書多数。

あの歌この街 二

二〇二一年三月十八日　第一版発行

著　　者　橋本克彦
発 行 人　坂元隆
発 行 所　株式会社旅行読売出版社
〒101-8413 東京都千代田区岩本町1-10-5
TMMビル2F
TEL03・6858・4300
FAX03・6858・4301

編　　集　渡辺貴由　高崎真規子
装　　丁　岩本和弥(エルグ)
印刷製本　図書印刷株式会社

Printed in Japan　ISBN978-4-89752-326-2　C0026